持続可能な社会をつくる日本の保育

乳幼児期におけるESD

著 冨田久枝・上垣内伸子・田爪宏二・
吉川はる奈・片山知子・西脇二葉・
名須川知子

かもがわ出版

はじめに

　ESDという言葉を聞いて、みなさんはどのようなことをイメージされるだろう。保育現場で長年、幼稚園の先生として働いていた私だが、すぐにはそれが教育に関する言葉かどうかもわからなかったことを思い出す。

　ESDという言葉について、漠然と「今の私たちの周りにある環境を大切にする教育のことらしい」と思うようになり、ESDという言葉に何かしらの興味と関心を抱き始めていた。そんな折に、世界の乳幼児の発達を支える教育や支援の組織であるOMEPの世界総会・大会で、ESDの10周年を迎えての会議が、北欧・スウェーデンのイエテボリという町で開催されるという情報をキャッチした。それまで積み重ねてきた札幌トモエ幼稚園との共同研究（自然の中で親子を支え育む教育実践）を発表するチャンスと考えて北欧に乗り込んだのである。私にとって初めての英語でのプレゼンテーションだったが、日本から同行した何名かのメンバーと意見を交わすなかで、不思議な縁を感じていた。

　そう、この発表をきっかけに7名の仲間とのつながりの第一歩が始まったのである。そして、世界総会・大会に参加しているあいだ、毎日毎日、飽きることなくESDについてディスカッションし、意気投合したことを昨日のことのように思い出す。この偶然で必然な出会いが私たちを強く結びつけ、日本の保育にESDをどのように生かせるのか、どのように意味づけるのかといった学びの時間が始まった。この出会いを価値あるものにしたいという願いを具現化するために、文部科学省の科学研究費助成事業に応募し、正式に研究チームが発足した。

　当初はESDという言葉は使わず、地域を活かす保育を検証しようと「地域コアステーションとしての新しい保育モデル」というテーマで3年間研究を行った。その結果、地域が核になり、その地域での育ちが子どもの心の根っこになることや、そのような取り組みこそESDと言えるのではないかという結論を得た。ESDは決して新しい概念ではなく、日本にはこれまで脈々と創造と継承を繰り返してきた保育があること。つまりESDは日本の保育に内包されていたのだと気づくことができたのである。

　この気づきを日本のみなさんと分かち合いたいという思いが生まれ、再度、文部科学省の科学研究費に「日本における乳幼児期のESD：地域で育つ・地域を創る保育・教育モデルの検討」というテーマで挑戦を続けた。このときのメンバーこそ、本書の共同執筆者7名である。

　私たちを大きく結びつけた、日本にとって忘れられない出来事がある。それは、今も私たちの心のなかにある東日本大震災である。2011年3月11日の東日本大震災は、多くの人、モノを私たちから奪い去った。有って当たり前と思っていた家族や地域が一瞬にして奪われ「地域の崩壊」「家族の離散」「予期せぬ悲しい別れ」といった過酷な現実と日本の大きな危機を体験し、地域の復興を支える地域における教育の重要性とその役割の大きさに気づいた。有って当たり前のものを守るのではなく、失ってしまった地域を再生・創造することに思いを馳せれば、まさに

ESDという教育アプローチの視点が必要なのではないかという強い思いも共有することができた。

　7名の仲間（自分たちで7人の侍と呼んでいる）の不思議な出会いと強い思いでスタートした研究は、東日本大震災という過酷なテーマが眼前に突き付けられるなかで、地域が保育・教育の核として機能することが重要であり社会的な意義も深いことが確認されたのだが、同時に、子どもを取り巻く環境が悪化の一途を辿っていることもよりいっそう感じられるようになった。「一億総活躍」時代という政府のスローガンを受け、多くの女性たち、もちろん母親たちも仕事を持ち、家庭との両立が一般的なライフスタイルに変わりつつある。ESDが大切に位置づけている「地域文化」は、多くは家庭教育で継承されてきたと言えるだろう。しかし、このような子育て環境では、両親や家族の力だけでは、日本人としての根っこになるような地域文化的な体験は支えきれない。保育・教育にかかる役割の責任は、ますます大きくなると考えるようになった。

　そこで、これまでの保育の見直しのヒントからすすめられるESD、乳幼児期だからすすめたいESDについて、保育者のためのわかりやすい解説書を作成しようと試みたのが本書である。ESDとはどのような教育アプローチなのか、日本の保育者のみなさんに感じとっていただければ幸いである。

7名の著者を代表して

冨田久枝

持続可能な社会をつくる日本の保育
―乳幼児期におけるESD―

目次

はじめに　3

第1章　ESDに関する国際的な動向 ………………………………（冨田久枝）7

第1節　持続可能な開発のための教育　7
第2節　OMEP（世界幼児教育・保育機構）の取り組みと乳幼児教育におけるESD　14

第2章　乳幼児教育・保育に内包されるESDの存在 ……………（上垣内伸子）18

第1節　幼児教育・保育とESDの理念にみられる類似性　18
第2節　保育の基本となる考え方とESD　19
第3節　あらためて、ESDの観点をもって保育実践を構想する　27

第3章　ESDからみた子どもの発達とその支援 ……………………（田爪宏二）31

第1節　子どもの発達とESD　31
第2節　「いのちを大切にする心」の育ちと教育　35
第3節　ESDの実践者としての保育者に必要な力　38
第4節　世代をつなぐ保育：世代間交流とESD　42
　　　おわりに―「環境が発達する」　44

第4章　「地域」における保育とESD ………………………………（吉川はる奈）46
―地域で育てる・地域で育つ―

第1節　地域で子どもを育てる・いま　46
第2節　地域に根づいてきた人々の暮らしと生活　49
第3節　地域で子どもが育つこと　52
第4節　子どもが学ぶESDと保育　53

第5章　「自然」と保育のかかわりとESD ……………………（片山知子）56

　　第1節　「自然」に向き合う保育　57
　　第2節　日本の保育環境での「自然」　58
　　第3節　海外での「自然」を活かした保育　68

第6章　「文化」という視点からとらえた保育とESD ……………（冨田久枝）73

　　第1節　文化の継承とESD　73
　　第2節　教育的営み（ESD）と文化とのかかわり　76
　　第3節　文化的営みと保育　78

第7章　ESDの視点から見直す日本の保育史 …………………（西脇二葉）86

　　第1節　「地域生活に根差した保育」から「保育が地域生活に根差すため」へ　87
　　第2節　倉橋惣三の誘導保育論「生活を生活で生活へ」の理解　89
　　第3節　誘導保育案の実践　93

第8章　保育におけるこれからのESD …………………………（名須川知子）97
　　　　　―継承していく「もの」と創造する「こと」―

　　第1節　ESDと人権・平和教育　97
　　第2節　世代間のつながりと継承とESD　101
　　第3節　これからの保育の創造とESD　106
　　　おわりに―震災とESD　110

おわりに　113

ESDに関する国際的な動向

冨田久枝

　本章ではESDの基本原理や研究成果について触れ、さらにESDの実践的な研究（OMEPによる研究）と乳幼児期の発達とを関連させ、その教育的意義や方法、さらには日本におけるESDの理念について考えることで、全体のプロローグの役割を果たしたい。

第1節　持続可能な開発のための教育

(1) 持続可能な開発（SD）の理念

　「持続可能な開発」（Sustainable Development：SD）という考え方が、ESDの始まりである。20世紀に入り、先進諸国を中心に地球環境問題が重要な案件として議論されるようになった。深刻なのは地球温暖化に伴う「異常気象」や「気候変動」さらには「オゾンホール」の拡大化、「南極の氷の融解と予測される大洪水」などである。このような地球の存続そのものが危ぶまれる不安材料を目にした人間は、地球そのものの存続のためのアプローチを考えるようになった。

　この「持続可能な開発」を実現するために、ユネスコ*は3つの観点を示している。1つ目は環境の保全で、それを主軸としながら、2つ目の経済開発、3つ目の社会開発を、総合的に推進すること。この3本柱は相互依存的で双方向的に強化しあって進められるホリ

---

* **ユネスコ**　ユネスコ（国際連合教育科学文化機関　United Nations Education, Scientific and Cultural Organization）は、諸国民の教育、科学、文化の協力と交流を通じて、国際平和と人類の福祉の増進を目的とした国際連合の専門機関として1946年に創設され、現在は世界で195か国（2014年4月）が加盟している。

スティック（包括的な概念）として機能することが求められている。
　ユネスコは、この3つの観点をふまえた取り組みを幼児期から行うことを推奨している。

(2) ESDという教育の歩み

　それでは、ESDとはどのような教育であろうか。「知っている」という人も、「初めて聞いた」「聴きなれない」という人もいるだろう。では、ESDはどのような歩みを経て今に至っているのだろうか。

　先に紹介した「持続可能な開発：SD」を効果的に推進するためには、これからの地球を担う子どもたちに、教育を通して「持続可能な開発」のあり方を学ぶ機会が重要であるという見地から、「SD」に教育の「Education：E」を加えたESD（Education for Sustainable Development）＝「持続可能な開発のための教育」という新しい教育の考え方が示された。

　1992年6月、国際連合がブラジル・リオデジャネイロで開催した地球サミットにおいて行われた、12歳のオーストラリアの少女のスピーチ「誰もが永遠に足るように」"enough for everyone forever"が、地球環境問題への大きな弾みとなり、世界中で「地球そのものの持続を可能にする開発」のあり方の検討が進められていく。このアジェンダ21（地球サミットで採択された21世紀に向け持続可能な開発を実現するために各国および関係国際機関が実行すべき行動計画の総称）がきっかけとなり、ESDは世界を大きく巻き込んでいくことになる。

　その後、2002年、南アフリカ共和国・ヨハネスブルクで開催された国際連合の会議で「国連ESDの10年：2005〜2014」が提案・採択された。採択を受け、日本では2006年〜2008年の3年間に「国連ESDの10年促進事業」が実施される。最終年にあたる2014年11月には、10年促進事業の集大成として「ESDに関するユネスコ世界会議」が、

表1-1　ESDに関する国際的な動向

1992年	国際環境開発会議（リオデジャネイロ）。アジェンダ21で持続可能な開発のための教育の重要性が指摘される。
2002年	持続可能な開発に関する世界首脳会議（ヨハネスブルク）。わが国の提案により、世界首脳会議実施計画に「ESDの10年」に関する記述が盛り込まれる。
2005年	国連ESDの10年国際実施計画をユネスコが策定、国連総会で承認。
2009年	ESD世界会議（ボン）ボン宣言の採択。
2012年	国連持続可能な開発会議（リオ＋20）リオデジャネイロ。
2013年	第37回ユネスコ総会。持続可能な開発のために教育（ESD）に関するグローバル・アクションプラン・プログラム採択。
2014年	持続可能な開発のために教育（ESD）に関するユネスコ世界会議。国連ESDの10年の最終年に日本で開催（名古屋市／岡山市）。

日本政府とユネスコの共催により名古屋市および岡山市で開催され、ユネスコ加盟195か国から政府関係者をはじめ教育機関の関係者も参集して、ESD10年のまとめと今後の展望が示された。

ESDに関する国際的な動向をまとめたものが表1-1である。

このように、ESDという言葉は「日本」が生み出し、世界中に広まった言葉なのである。

日本では、21世紀に入ってから国を挙げての取り組みに変わっていった。文部科学省と日本ユネスコ国内委員会の主な動向をまとめたのが表1-2である。日本ユネスコ国内委員会は、「国連ESDの10年促進事業」を推進するために、文部科学省に先んじて国際実施計画への提言や、ESDを促進するためのユネスコスクール*活用への提言を行うなど、日本の国内委員会でありながら世界のESDを牽引する積極的な活動を行ってきた。一方、文部科学省は国内の学びの組織、カリキュラムの整備に尽力している。

以上のようにSD（持続可能な開発）からスタートした地球規模の新しい地球環境を創造する取り組みが「教育」という未来を見据えた枠組みでリフレイムされ現在のESDへとつながっていったことがご理解いただけたと思う。ESDとは、地球に存在する人間を

表1-2　日本国内における主な動向

	〈文部科学省及び関係省庁〉	〈日本ユネスコ国内委員会〉
2003年		「国連持続可能な開発のための教育10年」に関してユネスコが策定する国際実施計画への提言。
2005年	「国連持続可能な開発のために教育の10年」関係省庁連絡会議設置。	
2006年	わが国の「国連持続可能な開発のための教育10年」実施計画策定。	
2007年		「持続可能な開発のための教育10年」の更なる推進に向けたユネスコへの提言。第34回ユネスコ総会にてESD推進のための決議へ。
2008年	学習指導要領策定（幼・小・中）、教育振興基本計画策定・ESD国際フォーラム2008開催。	持続発展教育（ESD）の普及促進のためのユネスコスクール活用について提言。
2009年	学習指導要領の改訂（高・特支）	
2010年	わが国における「国連持続可能な開発のために10年」実施計画改定。	
2015年	持続可能な開発のために教育に関する関係省庁連絡会議設置。	持続可能な開発のための教育（ESD）の更なる推進に向けて（ESD[特別分科会報告書]）。
2016年	わが国における「持続可能な開発のための教育（ESD）に関するグローバル・アクション・プログラム」実施計画策定。	

＊**ユネスコスクール**　「人類の知的・精神的連帯の上に平和を築く」というユネスコの憲章の理念を実現するために、実験的な試みを行う学校の国際的なネットワークと、その活動に参加する学校の日本での呼称。

含めた命（すべての生物たち）が未だ見えない遠い未来を見すえて、生きる営みを続けるために、現在、世界的に抱えている環境悪化・貧困の増大・人権の侵害・平和の揺らぎ・開発による環境破壊などの人類の命題の解決に向け、その解決につながるための価値観や行動を生み出し、持続可能な環境、社会を創造していくことを目指す学びと活動と言えるだろう。

(3) ESDを支える考え方（ESDの概念）とその意義

ESDとは「持続可能な社会を支える後継者（担い手）づくり」ととらえることも可能である。それは、私たちが受け継いできた地球の大自然（自然環境）を土台に、環境・社会・経済を統合的にとらえ、持続可能な社会の実現に向けて行動できる人を育てようということである。

このESDについて、ユネスコ世界会議では「健全な自然環境を土台に、人々の暮らしや経済活動、社会があることから、これからの環境・社会・経済を統合的かつ総合に捉え、持続可能な社会の実現に向けて行動できる人を育てること」と説明している。

「受け継ぎ、自分たちの手でいかに持続・開発（創造）できるか」を考える教育活動を実施するためには、広義の教育という点から、次の2つの観点が示されている。

○ 人格の発達や自律心、判断力、責任感などの人間性を育むこと。
○ 「人間と人間との関係性」「人間と社会との関係性」「人間と自然（環境）との関係性」の3つの視点を認識し、「関わり」や「つながり」を尊重できる個人を育むこと。

以上の観点から、環境や平和・人権などESDの対象となるさまざまな課題への取り組みをベースに、経済、社会、文化といった各側面から学際的・総合的に取り組むことがESDに求められている。

これらの概念の根底にあるのが「子どもの権利条約」（1989年11月の国連総会で採択され翌年発効）である。そこに示された「生きる権利」「育つ権利」「守られる権利」「参加する権利」の4つの柱は、今、どうなっているだろうか。

子どもたちを取り巻く社会・世界は、戦争、

ESDの概念図

紛争、テロ、飢餓、貧困といった経済問題から虐待や人種・民族・宗教・ジェンダー・身体的な機能など異なる文化や気質から生まれる差別や排斥などにより、人間として生きることすら困難な状況がある。日本でも、環境汚染や多くの災害など、子どもを取り巻く環境の悪化は深刻な問題である。地球の何処かで子どもたちが犠牲になっている今、子どもの権利条約で掲げた柱は、大人たちに踏みにじられている。今後はこのような社会を作らないためにも、幼いうちからの「教育」が必要であるということからESDが生まれたと言うこともできるだろう。

(4) 2014年、ユネスコ国際会議の成果

「持続可能な開発のための教育10年」の最終年である2014年に、ユネスコと日本政府の共催により愛知県名古屋市と岡山県岡山市で「ユネスコ世界会議」が開催されたことは先に紹介した。日程の概略は以下のとおりである。

○10月9日～12日、岡山市「ESD推進のための公民館‐CLC国際会議」
○11月4日～7日、岡山市「持続可能な開発のための教育に関する拠点（REC）の会議」＝世界各国のESDの拠点となっている地域の代表47か国、272名が参加。
○11月5日～8日、岡山市「ユネスコスクール世界大会」＝35か国、約1,000人が参加し、多くの実践校による交流や実践発表、優秀な実践に対する表彰などESDの実践の今後の在り方を示唆する重要な交流の場となった。
○11月9日～13日、名古屋市「レセプション、フォローアップ等を含む閣僚級会合及び全体の取りまとめ会合」＝ESD10年の成果と今後について世界レベルでの議論。

ユネスコ国際会議では、「持続可能な未来に向けて今、学ぶ（Learning Today for a Sustainable Future）をテーマに掲げ、以下の4つの具体的なテーマに基づいて、全体会合やワークショップが行われた。

1、10年間の成果から～何を達成できたか、また、どのような教訓が得られたか。
2、万人にとってより良い未来を築くための教育の新たな方向性～ESDは質の高い教育の強化にどのように役立つのか。
3、持続可能な開発のための行動促進～ESDを通じて、持続可能性という課題にどのように取り組めるのか。
4、ポスト2014年のためのESDアジェンダの策定～私たちの共通の未来のための戦略とは。

そして、ユネスコ国際会議による成果としては、以下の3つをあげることができる。

① 「あいち・なごや宣言」をはじめ、各種宣言の採択。
② 「国連ESD10年」の後継プログラムである「グローバル・アクション・プログラム（GAP）」開始の正式発表。
③ 「ユネスコ／日本ESD賞」創設の正式発表。

以下、上記①から③について、具体的に説明しよう。

①に関しては、〈あいち・なごや宣言〉は、閣僚級会合及び全体のとりまとめ会合及びステークホルダーの主たる会合での議論を踏まえてまとめられたもので、閣僚級会合及び全体のとりまとめ会合の閉会式全体会合において、全会一致で採択された。国連ESDの10年の成果として、ESDを主流化し、ポスト2015年アジェンダにESDを取り入れるため、直ちに行動することを求める内容となっている。

〈ユネスコスクール世界大会Student（高校生）フォーラム宣言〉は、高校生の立場から現在と未来において、できることとなすべきこととして合意した5つの点が示された。

○ともに助け合い、持続可能性について学び合う機会を大切にして、ESDを発信していく。
○地球に生きる一員として自覚を持ち、学校でESDが教えられるようになるために責任ある行動をとる。
○一人ひとりが責任をもって互いのつながりを育て、様々な生活様式と文化と意見を共有して尊重する。
○平和と人権と、教育によって個人が成し遂げられるものを知り、教育の果たす重要な役割を意識する。
○これら全てを全員が意識して、個人の明確な目標を明らかにするよう全力を尽くす。

〈ESD推進のためのユネスコスクール宣言（ユネスコスクール岡山宣言）〉は、第6回ユネスコスクール全国大会において採択されたもので、日本のユネスコスクールとしてのコミットメント（誓い）と、ユネスコスクールとすべての学校、その支援者に向けた提案を、以下のようにまとめている。

○コミットメント＝「身近な地域に貢献するとともに、グローバルな視点に立って行動

する次世代を育む」「平和、環境、気候変動等の学びの入口やテーマにかかわらず、平和と持続可能性を見据えて、多くの人たちと協働しながら、つながりを意識した教育を実現する」「ESDの本質を理解し、その魅力を社会に伝えるため、児童生徒の変容、教師の変容、学校・地域の変容を明らかにする」。
○提案＝「創造的な授業づくり、教科横断的で探索的な教育課程づくりによって、学校全体でESDを進める」「ESDの成果をモニタリング・評価するための方法を検討し、共有する」「ESDを持続的に支える政策や制度をつくり、校長のリーダーシップがESDの特徴をいかした形で発揮できる基盤を整備する」。

〈ユース・ステートメント〉は、ユネスコESDユース・コンファレンスにて採択。グローバル・アクション・プログラム（GAP）に沿ったESDの推進のために、ユースのビジョン、コミットメント、提言をまとめている。

〈2014年以降のRCEとESDに関する岡山宣言〉は、持続可能な開発のための教育に関する拠点（RCE）の会議で採択。RCEグローバルネットワークは「国連ESD10年」以降も、グローバル・アクション・プログラム（GAP）を含む、様々な持続可能な社会づくりに寄与することを宣言している。

②については、2013年11月第37回ユネスコ会議で採択され2014年12月の第69回国連総会で承認された国連ESDの10年の後継プログラムが「グローバル・アクション・プログラム（GAP）」である。

「政策的支援」「機関包括型アプローチ」「教育者」「ユース」「ローカルコミュニティ」の5つを優先行動分野として、2015年以降、GAPに基づいてESDの取り組みが推進されることになった。さらに、ユネスコからGPAの実行、モニタリング戦略、戦略的焦点化、ステークホルダーのコミットメントを可能にするためのプログラムの目標、方針、優先行動分野については「グローバル・アクション・プログラム（GAP）ロードマップ」が発表された。

③は、GAPの具体的な実施を促進するために、ESDへのユースの参加支援、ESDへの地域コミュニティの参加の促進など、GAPの5つの優先行動分野のうち、1つ以上の分野で活発に活動している個人又は団体を表彰するものである（1件当たり5万米ドル、毎年3件）。

現在、日本ユネスコ国内委員会では、「ESDを支える5つの理由」を示している。

> ESDは……
> **21世紀のニーズに応える教育を実現**
> 　私たちが直面する21世紀の社会・環境・経済の課題を解決するために必要となる知識、技能、価値観の習得を可能にします。
> **教育の改革を促進**
> 　学習者中心授業・学習を通じて、年齢や発達段階にかかわらず学習者一人ひとりを教育・学習プロセスの主体と位置付けることで、教育機関の境界を超えた学習を促進します。
> **公平性と多様性の尊重**
> 　世界中のさまざまな地域に住む人々、さまざまな世代の人々の置かれた、環境・現在および将来のニーズ・展望を理解し、尊重することを推進します。
> **気候変動への貢献**
> 　気候変動に関連する災害によって、今後10年間で1億7,500万人の子どもが被災する可能性があります。ESDは、気候変動の影響に適応し、かつその原因に対処する能力を与えます。
> **環境にやさしい社会の構築**
> 　環境の保全・回復、ひいては人々の豊かな暮らしと公平な社会の実現に資する雇用および仕事に必要となる技能の習得を推進します。それはまた、持続可能なライフスタイルの選択をする動機となります。

第2節　OMEP（世界幼児教育・保育機構）の取り組みと乳幼児教育におけるESD

　このようなESDをめぐる世界の動きのなかで、日本の保育現場はどうであろうか。
　私は、ESDの10年を目前にした2010年にOMEP（世界幼児教育・保育機構）が開催する世界会議（スウェーデン：イエテボリ）に参加した。会議では欧米中心ではあったが、乳幼児教育におけるESDの取り組みの総括が行われた。すでに世界では教育・保育におけるESDの価値を高く評価し、積極的に保育の内容に取り入れ、成果を検討するレベルまで進展していることに驚いた。
　日本国内でも、ESDの理念を取り入れ、日本の文化や伝統を保育の中に積極的に組み入れ地域で育つことを大切にしている保育、いわゆるESDによる保育は以前から存在している。しかし、ESDを意識した意図的な取り組みは皆無に等しかった。ESDという言葉についても、保育現場では「聞いたことはあるような」といった曖昧なイメージがほとんどであった。
　しかし、2014年のユネスコ世界会議が盛会に終わり、少しずつではあるが、ESDという取り組みを理解して日本の保育を振り返ろうという動きが見られるようになってきた。

まさに、乳幼児期の保育におけるESDは、いまスタートラインに立っているのかもしれない。そこで、OMEPがこれまでに取り組んできたESDに関連する活動にふれておこう。

(1) OMEPのこれまでの歩み

現在、世界56か国が加盟しているOMEP（世界幼児教育・保育機構）は、「第2次世界大戦直後、未だ戦火の消えないヨーロッパで、幼児教育に携わっている人々が国境を越えて子どもたちのために協力する目的をもって」創設された国際機関である。OMEPは4つの目的を掲げて、世界の子どもたちの平和と安全に寄与している。

①OMEPは、すべての子どもが、家庭や保育・教育機関、そして社会の中で、よりよく発達し、幸せになるように、最適条件を用意する。
②この目的のために、OMEPは、幼児教育・保育を改善するためのあらゆる努力を支援する。
③OMEPは、幼児教育・保育の向上に影響を与える研究を援助する。これによって、OMEPは人類の相互理解に貢献し、ひいては世界の平和に寄与する。
④幼児教育・保育を振興させる。

(2) OMEPにおけるESDの捉え方

OMEPの本来の目的は、すべての子どもたちにとって相応しい発達を支えることであり、その目的を実現する方法としてESDを推進している。

ESDの前提となる概念「持続可能な開発（SD）」については「これからを生きる世代が求められているニーズとして挙げられている力を変えることなく、一人ひとりの今日的ニーズにもふさわしく発展的に行うことである」(Brundtland, 1987) としている。OMEPが掲げるSDの概念がもとになり、一人ひとりのニーズに応える生活を保障することを教育の役割と捉え、「公平 (equity)」「平等 (equality)」「公平 (fairness)」を基本概念として打ち出している。

(3) OMEPが実践してきた「世界プロジェクト」の歩み

ESDを「教育」の実践と捉えた日本では、ユネスコスクールの取り組みとも相まって、小学校以上の教育において推進されてきた。しかし、OMEPは早くから乳幼児期の子どもの教育という視点からESDの重要性を捉えてきた。その意義を世界に発信しようと試みられているのが「世界プロジェクト」である。OMEPは「世界プロジェクト」を支える3つの柱と7つのRを次のように示している。

①環境的な柱（The Environmental Pillar）として、**Reuse**（再利用：古いものを使用しましょう）、**Reduce**（削減：節約しましょう）を挙げている。

②社会的と文化的な柱（The Social and Cultural Pillar）として**Respect**（他者への尊敬：子どもの権利への尊重を保障しましょう）、**Reflect**（思いをはせる：世界の異文化に対する畏敬の念をもちましょう）、**Rethink**（再考する：他者や違いについて価値をおきましょう）を挙げている。

③経済的な柱（The Economic Pillar）として、**Recycle**（リサイクル：どなたか別の人が再利用しましょう）**Redistribute**（再分配：平等に分かち合いましょう）を挙げている。

表1-3　OMEPによるESD世界プロジェクト

2010年〜	OMEPのロゴマークから「子どもの声を聴くことからの取り組み」。世界会議を前に、世界各国に「地球を洗う」子どもたちのイラストが配布され、そのイラストを子どもたちに見せ「何をしているところか」等の質問から世界中の子どもたちから率直な心の「声」を収集して世界会議で報告された。
2012年〜	ESDの教育環境や教育の内容をについてチェックリストによる検討を行い、OMEPとしての評価の基準の策定を試みている。これはESDの取り組みがより保育現場で意識的に生活の中で統合し、展開することを願って策定された。
2013年〜	持続するために欠かせない「平等」を目指した実践の分かち合いを行った。基本的には「子どもの権利条約」を根底に据え、あらゆる格差や差別、不正を乗り越える取り組みを奨励した。
2014年〜	ESDをさらに広めて充実させるためのリーダーとなる「保育者」の育成（保育者養成）の在り方について議論が交わされた。
2015年〜	ESD10年を迎え、OMEPがさらにESDを推進することを確認した。

(4) なぜ保育にESDが必要なのか

「21世紀のニーズに応える教育の実現」「教育の革新を促進」「公平性と多様性の尊重」「気候変動対策への貢献」「環境にやさしい社会の構築」の5点が、日本ユネスコ国内委員会：2014のホームページに示されたESDを支える5つの理由である。人類が地球規模で平和な社会を築くという大きな目標が背景にあることがわかるであろう。

また、ユネスコ会議最終報告でのハイライトでは「乳幼児教育の分野ではESDの貢献は各国が主導・専門家の調査研究活動により増大し支援された」「乳幼児期のESDは生涯にわたる開始期で、ESDの基盤である」「乳幼児教育のESDに向けての再方向づけは誕生から開始しなければならないし、園や学校を通してからだけではなく、家庭、地域においても開始されなければならない」「持続可能な開発のための遊びに基盤をおく学びは乳幼児の社会的理解や自然認識の習得に貢献することが確認された」の4点が上げられている。乳幼児期こそESDが必要であり、乳幼児の教育だけではなく、地域や家庭も巻き込みながら進められる重要な教育アプローチであることが示されたと考えることもできる。

それでは、どのように保育の実践の中でESDを実現できるのだろうか。

(5) 日本の乳幼児教育に内包されているESD

ESDという教育の考え方は、これまで無かった新しい考え方なのだろうか。日本の保育について考えてみると、地域の資源を有効に保育に取り入れたり、日本の伝統的な遊び（おりがみ、わらべうた、あやとり、コマまわしなど）を積極的にカリキュラムに配列したりしている。「環境」とりわけ「自然環境」を重視し動植物を育てる活動も行われている。

このような点から見ると、ESDは日本の保育・幼児教育にすでに内包されていると考えられるだろう。このことについてのさらなる具体的な検証は、次章以下で行うこととする。

参考文献
・文部科学省「幼稚園教育要領解説」2008年
・文部科学省・日本ユネスコ国内委員会ホームページ (http://www.mext.go.jp/unesco)
・冨田久枝・上垣内伸子・片山知子・吉川はる奈・田爪宏二・名須川知子・鈴木裕子・藤原照美・西脇二葉「地域で育つ・地域を創る『乳幼児教育におけるESD』―日本の保育における継承と創造を目指して」千葉大学教育学部研究紀要62、2014年

乳幼児教育・保育に内包されるESDの存在

上垣内伸子

第1節　幼児教育・保育とESDの理念にみられる類似性

　幼児教育・保育とESDは、2つの点で類似性をもっている。1つ目は、今と未来を同時にとらえるという二重性をもつ点である。

　「幼児期は、自然な生活の流れのなかで直接的・具体的な体験を通して、人格形成の基礎を培う時期である」（「幼稚園教育要領解説（平成30年2月）」序章第2節2幼稚園の生活）とあるように、幼児教育・保育は、今、ここでの生活の充実と、将来の姿を見通した発達の保障（未来の充実）というように、対象への援助に二重性をもつ営みである。いわば、今と未来を同時に育てることが保育のもつ大きな特徴であるといえる。

　この二重性は、ESD（持続可能な開発のための教育）の発想の中にも存在する。そもそも、SD（持続可能な開発）は、「将来世代が彼らのニーズを満たすための能力を損なうことなく、現在世代のニーズを満たすこと」（国連ブルントラント（Brundtland）委員会（環境と開発に関する世界委員会）1987年）と定義される概念であり、自分の今の生活の快適さを求めようとする際には、それが他の地域に住む人の利益や将来の人達の利益を損なうことなく得られるものなのかを、常に問いかけて選択し行動することを私たちに求めるものだからである。したがって、ESDでは、その教育の対象となる子どもたちに、今だけでなく未来を、自分だけでなくまわりの人たち（生き物たち）のことを考えて行動する意識を育てていく。これは、保育者が保育を計画し、実際に実践していく際に重要視している点でもある。どちらも、今の充実を図りながら、未来の担い手を育てていくという共

通した目的を有しているのである。

　２つ目は、何を学ぶのかという（保育）内容よりも、誰とどのような状況で、どのように学ぶのかという、学習態度の醸成が重要視される点である。幼児期という「人格形成の基礎を培う時期」においては、どのように学んでいくかという学びの構えを育てることが生涯を通しての主体的な学習者を育てることにつながるゆえに重要とされ、ESDにおいても、持続可能な社会を実現するために必要な発想力と行動力をもつ積極的な行動者の育成が求められているからである。

　2018年からの新しい幼稚園教育要領解説では、「幼稚園教育は、その後の学校教育全体の生活や学習の基盤を培う役割も担っている。この基盤を培うとは、小学校以降の子供の発達を見通した上で、幼稚園教育において育みたい資質・能力である「知識及び技能の基礎」「思考力、判断力、表現力等の基礎」そして「学びに向かう力、人間性等」を幼児期にふさわしい生活を通してしっかり育むことである。そのことが小学校以降の生活や学習においても重要な自ら学ぶ意欲や自ら学ぶ力を養い、一人一人の資質・能力を育成することにつながっていくのである。」（序章第２節３幼稚園の役割）と解説されている。乳幼児期に、主体的に学習する態度、協働性をもった行動力、問題解決力の育成の基礎を育むという発想は、持続可能な開発（SD）の行動者としての意識や発想力、行動力を育成するというESDの考えと重なる部分が多い。

　このように、基本的な考え方に共通性をもつのが幼児教育・保育とESDといえる。さらに、詳細にみていくこととしよう。

　幼児教育・保育の基本となる考えとして、①子ども自身のもつ生活経験を尊重すること、②主体的活動としての遊びを大切にすること、③周りの環境との関わりから学ぶこと、④なかでも自然とのかかわりが重視されていること、⑤園と家庭・地域の連携が不可欠であることがあげられる。この５点を、ESDの観点から、あらためてとらえなおしてみよう。

第２節　保育の基本となる考え方とESD

　保育内容ではなく、保育方法や保育理念の中にESDは内在しているのではないか。持続可能な開発を実現するための発想力や行動力を育てる教育がESDであるならば、何を学習するか（学習内容）の前に、どのように学ぶかが問われなければならないからである。保育の基本となる考え方と、それに基づいた実践について、ESDの視点から検討していくこととしよう。

(1)「幼児期にふさわしい生活の展開」
　ESDにおいては、学び手の文化背景や生活環境が尊重され、それぞれの「生活」から教育が出発する。自分がどう生きるかを考えるからこそ、生活を題材として教育が展開され、新たなライフスタイルと行動、価値観を、自分のものとして獲得することにつながっていく。

　同様に、保育もまた、一人ひとりの子どもの「生活」を基盤におく。幼稚園教育の基本となる考え方として幼稚園教育要領にあげられている「幼児期にふさわしい生活の展開」は、幼稚園教育に留まらず、乳幼児教育・保育全体の普遍的な考え方である。このことを、子どもの生活から保育は始まると、保育における生活性を重視した倉橋惣三は、「生活本位」(『就学前の教育』)、「さながらの生活」の尊重、「生活を生活で生活へ」(『幼稚園真諦』)という言葉を用いて示している。

　「幼稚園教育要領解説」序章第2節1(1)幼児期の生活には、次のように記されている。
　「幼児は、それぞれの家庭や地域で得た生活経験を基にして幼稚園生活で様々な活動を展開し、また、幼稚園生活で得た経験を家庭や地域での生活に生かしている。生活の場の広がりの中で、様々な出来事や暮らしの中の文化的な事物や事象、多様な人々との出会いや関わり合いを通して、幼児が必要な体験を積み重ねていく」

(2) 主体的活動としての「遊び」
　ESDの本質は、個々の課題に個別にアプローチしていくのではなく、包括的(ホリスティック)に理解していくところにある。それは、持続可能な社会とは、社会、経済、環境という3つの柱で構成されるように、多様な問題・課題が互いに関係をもち、影響を与え合いながら成立する社会であり、その持続的な発展のためには、個別に問題をとらえていくのではなく、どのようにかかわり合っているのかを広い視野から総合的にとらえて解決を図っていくことが求められるからである。

　当然ながら、主体的な活動としての「遊び」も、遊びを通していろいろな発達の側面が総合的に育まれていくものであり、「『遊び』を通しての総合的な指導」を行うことも、保育の基本となる考え方である。

　「幼稚園教育要領解説」序章第2節1(2)幼児期の発達では、幼児期の発達の特性を、「幼児期は、幼児が自分の生活経験によって親しんだ具体的なものを手掛かりにして、自分自身のイメージを形成し、それに基づいて物事を受け止めている時期である」と解説し、「自分なりのイメージをもって友達と遊ぶ中で、物事に対する他の幼児との受け止め方の違いに気付くようになる。また、それを自分のものと交流させたりしながら、次第に一緒に活動を展開できるようになっていく」と、遊びを通して発達が遂げられていくことを示して

いる。

　自発的主体的な活動としての遊びとは、環境と関わることから子ども自身の興味関心によって生み出され、自分たちのこれまでの経験や知識、技能を総動員させて、自分たちのイメージを形にしたり、新たな発想や方法を見出したりしながら展開されるものである。そして、その際の遊びのモチーフは、子ども自身から生み出された遊びであればあるほど、子どもの生活経験と深く結びついたものとなるであろう。遊びの土台となる生活経験が、その子どもの中で、リアリティをもった具体的で深く印象に残る体験である時、子どもは遊びの中でそれを再現したり、試したりしながら学んでいく。自分にとってこれだと思えるテーマが見つかった時、モチーフを変えながら繰り返し遊び続け、子どもは多面的で包括的な学びを経験する。このような遊びを通しての学びのプロセスは、まさにESDの学習プロセスと重なり合うものといえる。

(3) 環境を通しての保育

　ESDでは、自分たちの生活から課題を見出して、その課題の解決や発展について考えていくので、子どもを取り巻く環境が、有益な学習環境であることが求められる。保育においても、子どもは自らが環境とかかわって学んでいく存在であるという子ども観、発達観に基づき、「環境を通して行う」ことが、保育の中核をなしている。したがって、ESDと同様に、保育においても、どのような環境を構成するかが重要である。

　「幼稚園教育要領解説」第1章第1節4計画的な環境の構成には、このことについて、「幼児が主体的に活動できる環境を構成するためには、幼児の周りにある様々な事物、生き物、他者、自然事象・社会事象などがそれぞれの幼児にどのように受け止められ、いかなる意味をもつのかを教師自身がよく理解する必要がある」と記されている。

　ここまでみてきたように、「環境を通して行う教育・保育」「幼児期にふさわしい生活の展開」「遊びを通しての総合的な指導」という、保育の基本となる考え方そのものが、すでにESDにおける学びの基本と重なっているのである。保育者がこうした視点、発想で保育をとらえるとき、保育は優れてESDであるということができる。

(4) 自然とのかかわりの重視

　教育基本法第2条には、教育の目標の1つとして「生命を尊び、自然を大切にし、環境の保全に寄与する態度を養う」ことが掲げられている。このような態度を養うための環境教育はESDの重要な側面であり、小学校以上の学校教育の中では、ESDに対して環境からのアプローチがなされることが多い。

　保育においては、自然は学習課題として提示されるのではなく、当たり前に子どもを取

り巻くものであり、環境教育を学ぶ教材として用意されるものではない。子どもの成長に不可欠かつ共生するものとしての自然が「ごく自然に」生かされているのが日本の保育の特徴ではないだろうか。日本の保育者にとっては、これは至極当然の保育のあり様であるように思われるが、世界の国々で展開されているさまざまな保育形態の中では、決して当たり前のことではない。

秋のケーキ屋さん、開店です（3歳児クラス、10月）
写真提供：十文字女子大附属幼稚園

日本ほど自然が保育の中で「自然な形」で用意され豊かに生かされている保育は決して多くはない。日本中の子どもたちにとって親しみのある草花や砂、泥でのごちそうつくりも、どこでもみられる遊びではない。自然との関わりを大切にし、そこからの豊かな学びを得、それがESDの考えにもつながるということを、日本の保育者が積極的に発信していくことが期待されているように思う。

　保育の中で、子どもは自然と関わり、科学的知識を獲得するだけでなく、さまざまなことを体験する。生命の尊厳にかかわるようなできごとを体験し心が揺さぶられた事例を紹介しよう。

〈事例1〉だから自然は面白い

　年長がテラスで育てているプチトマトが赤くなってきた。
　何人かで熟したものをとっているところを見た年少さんが、自分もとばかりぷちっともぎ取ったのはまだ青くて小さなトマト。
　「あーー！」一瞬皆の手が止まる。
　「おまえー！」とにらむ子、「あおいのとっても食べられないよ」と教える子、「せっかく育ててたのにもう！」と大きな声を出す子、誰もが残念そうである。
　張本人も神妙な顔。
　「ね、セロテープでくっつけよう」「ダメだよ、もうくっつかないよ」とケンケンガクガク。セロテープ派が優勢で、部屋からテープをもってきてとめた。
　まさかと思っていた先生は数日後に、トマトが大きく赤くなっているのを発見。

> セロテープを外してみると、びっくり！
> 「あ、トマトがくっついてる！」

　予想を超えた命の再生が、「とれたらセロテープでくっつけてなおす」という子どもの発想によって生じた。もがれたら元には戻らないという常識からは、このできごとには出会えなかっただろう。小さなプチトマトに秘められた生命力は、子どもの心に強く残ったのではないだろうか。

〈事例2〉生きることの厳しさに触れる

> 大きなカマキリを捕まえて登園してきたAくん。
> そのカマキリに夢中になったのは年中組のBちゃんとCくん。さっそく餌をやろうと園庭でバッタを捕まえてカマキリのカゴに。
> カマキリがバッタを大きなカマで捕まえると「やったー」と興奮気味。
> むしゃむしゃと食べ始めると、しだいに2人の顔色が変わってきた。
> けれども、何も言わずに黙って最後まで見ていた2人だった。
> 先生はそのことには触れず、静かになった2人とAくんに相談して、カマキリをもといたところに逃がすことにした。

　先生は、動揺しながらも最後まで見続けた2人の気持ちが、ワクワクから驚きへ、そして後悔へと変わっていったことを感じ、あえてそのことを話し合うのではなく、このカマキリが命を全うできる生活を一緒に考えることにした。尊い命のレッスンであった。

〈事例3〉子どもの詩から

> 　いのち
> 　　　　　　みねまつ　たけし（4歳）
> あのねせんせい
> むしにもいのちがあるんでしょう
> ともだちがふんだ
> むしをふんだ
> いのちがつぶれたひだ
> いのちってやわらかいんだね

> 鹿島和夫（編）『一年一組せんせいあのね それから』より

簡単につぶれてしまう物理的な現象から、生命自体のもつ弱さやはかなさを感じとったような詩ではないだろうか。

　このように、生き物に触れて関わる実体験から、子どもたちは命のはかなさも、生きることの残酷さや厳しさも、自然のもつ不思議な力や強じんな生命力にも気づいていく。こうした日々の自然との関わりによって心が揺さぶられるような生活が、自然を尊び共生していこうとする態度の形成の基礎を培っていく。それは持続可能な社会を築く態度を形成する上での土台ともなる。
　2018年からの新しい幼稚園教育要領、保育所保育指針、幼保連携型認定こども園教育・保育要領では、「幼児期の終わりまでに育ってほしい姿」として小学校の教師ともその姿を共有していけるように、幼児教育終了時の具体的な姿を10項目に示してある。その1つに「自然との関わり・生命尊重」が含まれている。
　「自然に触れて感動する体験を通して、自然の変化などを感じ取り、好奇心や探究心をもって考え言葉などで表現しながら、身近な事象への関心が高まるとともに、自然への愛情や畏敬の念をもつようになる。また、身近な動植物に心を動かされる中で、生命の不思議さや尊さに気付き、身近な動植物への接し方を考え、命あるものとしていたわり、大切にする気持ちをもって関わるようになる」

(5) 園と家庭・地域の連携

　ESDは、親子がともに持続可能な生活を営むための行動を起こしていくことを支援する。ESDが学校での学習に留まった学習ではなく、家庭や地域を巻き込み、課題を共有し共に考え行動していくことが、持続可能な社会の構築につながるからである。ESDにとって、地域を学ぶ、地域と共に学ぶことは欠かせない。そして、ESDの課題は、それぞれの社会や地域、時代によって異なる。
　保育においても、地域特性を踏まえた保育の展開は必須事項であり、家庭に対しても、園と家庭の連携や、保育の中で親も共に育ち合うことが大切にされている。特に地域社会の特性からは、保育実践は切り離すことができない。地域のもつ自然や地勢的特性（ランドスケープ）、歴史や伝統及び文化的特性、産業など、生活にかかわる全ての特性が子どもと家庭の生活を形作る土台となっており、子どもの興味関心もそうした身近な環境と実際にかかわることから生まれてくるからである。
　事例〈4〉に示すように、地域とのつながりや、子ども自身の家庭や地域社会での生活体

験を踏まえて保育が展開されるとき、保育内容の豊かさとESDとしての意義が生じてくる。

〈事例4〉地域のもつ生活と文化の特性を考慮して保育すること：「金魚の3枚おろし」

　漁業を営む家庭の多い瀬戸内の島の幼稚園でのできごとである。園で飼っていた金魚がある日死んでしまった。園庭でしゃがみ込んでいる男の子たちを見つけた先生が、『お墓に埋めてやっているのかな？』と思いながら近づいてみると、死んだ金魚をままごとの包丁でさばいていた。『残酷！命の大切さを学ぶための金魚なのに……』と驚いたり悲しくなったりで、「なにしようるの？」と尋ねるのが精一杯。すると笑顔で振り向いた子どもから出たのは、「先生、ぼくら、料理しようるんよ」の一言。

　先生ははっとした。「金魚が死んだら穴を掘ってお墓を作るというのは私の発想。でも、この島の子ども達にとっては魚は身近なもの。魚をさばいて料理するというのは、彼らにとって当たり前の日常なのだ」と。子どもにとっては、自分たちのふだんの生活を再現することが遊ぶこと。だから、当たり前のように料理していたのだろう。先生は、大事に飼っていた金魚なのにと複雑な気持ちになりながらも、自分にとっての魚と、この島の子ども達にとっての魚は意味が違うと気づいた。

　その出来事の後、みんなで海岸に散歩に行ったら、「萬魚供養塔」という塔があることに気づいた。通りかかった漁師のおじさんが、子ども達に、捕った魚の供養をするために建てた塔だと説明してくれた。子ども達がおじさんの魚を興味津々でのぞき込んでいるので、先生は先日の金魚のエピソードをおじさんに話した。

　数日後、幼稚園に魚をもってきてくれたおじさんが、子ども達の前で魚を3枚におろして料理をしてくれた。「ちゃんと焼いて食べて、供養になるんで」と。命あるものと相対する漁という仕事の厳かさを、子どもなりに感じる経験となった。先生は、捕って、さばいて、食べて命を感じることは、お墓を作るよりもはるかに意味ある命との対面なのではないかと考え始めている。

　保育者は、今回の一連のできごとを保護者にも伝えて共有し、漁業を営む人々の生命観、職業観を尊重した保育をすることの大切さを心に留めている。

　地域特性を考慮して保育をするだけでなく、社会資源としての幼稚園や保育所・こども園が、子どもたちの活動を通して、地域の伝統文化を伝承していく役割を担っていくことも大切である。例えば、千葉県松戸市にある幼稚園では、子どもが自然に親しむことと地

域交流を目的とした「ホタルの里」つくりを計画した。えさのカワニナが住む流水池をつくるにあたって、千葉県上総地方を発祥とする伝統的な井戸掘りの「上総掘り」技術を使い、代々井戸職人を続けてきたAさんの指導を受け、人力で井戸を掘ることとした。地域の伝統技術を実際に使う機会をもつことで伝承を図ることと、保護者や地域の人たちも作業に参加することで、自分たちの地域に「上総掘り」という

「上総掘りで、新松戸をホタルの里に」
—技術の伝承と自然環境の再生—
写真提供：新松戸幼稚園

昔からの技術と知恵があることを知ってもらおうと願ってのことである。できあがったホタルの里は、地域の人に開かれた場所となっている。

　2018年度からの幼稚園教育要領、保育所保育指針、認定こども園教育・保育要領には、領域「環境」の内容に「我が国や地域社会における様々な文化や伝統に親しむ」という項目が新設された。遊びや行事等の活動を通して、持続可能な社会の構築の前提となる、伝承すべき地域の特性を知ることが求められている。

　幼稚園教育要領の第1章第6「幼稚園運営上の留意事項2」にも、園生活が家庭や地域社会と連続性を保ちつつ展開されることの意義が示されている。

　「幼児の生活は、家庭を基盤として地域社会を通じて次第に広がりをもつものであることに留意し、家庭との連携を十分に図るなど、幼稚園における生活が家庭や地域社会と連続性を保ちつつ展開されるようにするものとする。その際、地域の自然、高齢者や異年齢の子供などを含む人材、行事や公共施設などの地域の資源を積極的に活用し、幼児が豊かな生活体験を得られるように工夫するものとする」

　ESDの実践には、生活を歴史・文化的背景を踏まえてとらえようとする教師や保育者の視点が不可欠であるように、保育においても、保育の中で扱う「生活」の概念が内包する地域性・歴史性をとらえる保育者の視点が不可欠であり、子ども自身が地域において文化を継承し創造していく有能な生活者だという視点が不可欠となる。その上で、保育者自身が、ここに紹介したような保育実践がESDだという意識をもつことが不可欠であることは言うまでもない。

(6) 子どもと保育者の相互性

　ESDでは、保育者（大人・教師）自身の生き方が問われる。「環境を通して行う」保育

においても、人的環境としての保育者のあり方が問われる。保育者の生活経験が保育内容に反映されるだけでなく、子どもが環境とどのようにかかわっていくか、その態度の形成にも影響を与えるからである。ESDが学習者の生活から出発するように、子どもの生活から保育が出発するためには、保育者自身も自分の生活を見つめることが必要となるだろう。生活者としての子どもと保育者がかかわり合う保育こそが、ESDにつながっていくからである。

　その意味で、保育者には生活性が欠かせない。倉橋惣三は、「育ての心」の中で、保育者には創造性以上に生活性が求められると述べている（「生活の生活性」倉橋惣三『幼稚園真諦』）。

> 　先生がいつもその豊富な創造性で主題を選んでも、概念的だけでは、生き生きした実感は出ません。生き生きした実感は、創造性以上生きた具体的生活によるものであります。ちょっとした心の働き、日頃の生活性から、子どもの生活実感が誘導されていくのです。一般に学校教育においても、先生の大いなる欠陥は知識能力ではなく、具体的生活性の欠陥ではありますまいか。

第3節　あらためて、ESDの観点をもって保育実践を構想する

(1) ESDの観点からみた保育者の課題

　私たちは、ESDの概念は、日本の文化に、そしてその上に成り立つ保育／教育理念やカリキュラムに、さらには、保育者の実践を支える哲学に、すなわち保育観や行動規範、価値観の中に内包されており、無意識ながらも、保育実践がESDとなっているということを指摘してきた。

　このような、保育者としての行動を支える無意識的な価値観や行動規範のもつ意味を意識化することは、それが自明であり、潜在的な価値観となっているゆえにむずかしい。自分に外在する異質なもの理解よりも、困難な場合もある。当たり前でわかりきっていて、既に行動として表に表われている段階において、それを客観的に言語化することは、無意識レベルである故に困難なことなのである。けれども、ESDは、その行動を支える意識が問われるものであるため、「これはESDだ」という意識のない実践は、それがESDの発想や内容を含むものであっても、ESDとは言えない。それでは、保育そのものがもつ特性がESDであるということを、どのように説明することができるだろうか。

ESDは、取り組みの初期段階では、環境教育や人権教育など、しばしばESDがターゲットとするテーマについてどのように実践していくのかという「内容」の側面から捉えられることが多かった。初めにテーマありきで、それを対象となる子どもの発達段階に応じた形で学習していくという、目的的な学習であり、演繹的学習である。しかし、発想力、行動力を育て、新たな価値創生を目指すのがESDであるならば、何をするかというコンテンツより、どのように学ぶのかという「方法」の検討がより求められるといえる。保育に内包されたESDをとらえようとする際にも、保育内容よりも、保育方法に目を向けるとき、保育方法を選択する際の保育者の意識の中にESDの発想が在るという気づきが生まれるように思われる。

　保育方法に着目するならば、保育現場においては、ESDの要素が内在する実践が日常的に行われているからである。例えば、画用紙や色紙の切れ端も、まだ何かに使えるからととっておくための箱があったり、食事も食べ物そのものへの感謝の気持ちから残さずに食べようとするなど、無駄をしない、「もったいない」という気持ちを大切にする生き方が、普段の生活の中に自然な形で息づいている。まさに人格形成の基礎を培う乳幼児期に、生活や遊びのあちこちでESDは実践されているのである。ただし、ESDで重要なのは、それらのことを、時空間のパースペクティブをもってとらえたり、未来へ続くという発想をもって行動するところまでが求められるという点である。加えて、社会とのつながりを意識して行動することも重要な課題となる。社会を変容するプロモーターとして自分たちの実践をとらえ、それぞれの地域において実践することが求められている。そこでは、子どもはSDの作り手となる有能さと主体性をもった生活者であると、保育者が認識することが必要不可欠となる。子どももまた、自分が地域とつながっている感覚、未来を作る（少なくとも未来のことを想像する）感覚をももつことが重要となる。

　つまり、ESDとは、保育内容の工夫や改善ではなく、従前の保育方法、保育実践を生み出す保育者の意識や意図に内包されているSD（持続可能性）を見出し、ESDのもつパースペクティブを踏まえて、新たな価値構造で保育観を再構築し、未来につながる広がりや地球（生命）全体へのつながり、社会への広がりをもった保育へと、変容させていくことなのである。その時、ESDは、保育の計画、実践、ねらいと内容と指導方法の中で具体的な姿をもつ。ESDとしての保育が成立するのである。ESDは、私たちの保育観や保育の基本的な考え方を広げることから始めるものといえる。

　それでは、保育実践をESDの視点から検討することを試みてみよう。

(2) ESDとして保育をとらえる

　これまで指摘してきたように、保育はすでにESDを内包している。保育者自身の意識

改革がESD実践の鍵となる。その意識改革として、次の4点をあげたい。

　1つ目は当然ながら、保育者自身のESD理解を深めることである。毎日の保育のすべてがSDであるという認識に立って保育を見つめ直し、日々の保育実践と概念としてのESDをつないでいくことを意識することが、ESDを理解しようとする時の基本姿勢となる。

　2つ目は、遠い世界、まだ見ぬ世界に思いをめぐらすことである。幼児教育・保育は、具体的な物や事象を題材に自らが直接関わり、その体験を通して理解するという乳幼児期の発達特性に基づき、「身近な」「身の回りの」ものから学ぶことを基本としている。幼稚園教育要領や保育所保育指針等のカリキュラムにも、「身近な」「身の回りの」という表現が多くみられる。しかしながら、「持続可能な開発」とは、今の自分たちのニーズを損なうことなく地球全体のニーズやこれからを生きる世代のニーズも満たすことができるような社会を形成していこうとするものなので、見えない世界への思いやりと今に続く未来のことを想像する感性を育てることが課題となる。そのために、子どもの意識を「遠くの」「見えない先の」ものにも思いをはせ、想像していくことへと広げていくような関わりをすることが求められる。

　身の回りで起きていることだけでなく、遠くの世界で今どんなことが起きているのだろう、これから先にどんなことが起こるのかなと想像することや、今ここにはいない友だちのこと、遠くに住む会ったこともない友だちのこと、未来の友だちのことを考えることを保育の中で投げかけたい。「もうすぐ○○ちゃんが来るから△△を用意して待っていよう」「病気で休んでいる□□ちゃんどうしているかなあ」と目の前にいない友だちのことを話題にしたり、絵本や図鑑、インターネットなどを媒介させながら、世界各国の生活にふれたり、未知の世界や未来の世界を想像して遊びにも取り込むことに努めたい。

　2018年からの新しい幼稚園教育要領や保育所保育指針等の領域「環境」の内容に、「日常生活の中で、我が国や地域社会における様々な文化や伝統に親しむ」という項目が新設された。その内容の取り扱いとして、「異なる文化に触れる活動」を通して「国際理解の意識の芽生えなどが養われるようにすること」と記されているが、理解の前提として親しみの気持ちや関心をもつこと、つながりを感じることを大切にしたい。

　3つ目は、「今と未来を育てる」という保育のもつ二重課題の理解である。乳幼児期は人格形成の基礎を培う時期であることから、保育援助には、「今、ここでの充実」と「将来の結実」という二重性が求められる。保育者は、いつも目の前の子どもの背後にその子どもの成長する姿を思い描きながら、最善の援助を考えているのではないだろうか。この「今」と「未来」という異なる時間を射程に入れた保育援助は、現在から未来へという継続した時間の流れの中で、自分も含めた皆の生活の充足と幸福を希求しながら「今」の生き方を選び取っていこうとするESDの目指すところと重なっている。

最後は、園が独自に作り上げてきた環境構成と援助を、過去からバトンを受けて未来へつなげる営みであるという発想をもって行うことである。園環境や園行事のもち方、保育者の援助のあり方は、それぞれの園のもつ歴史性と物語をもっている。これまでの保育者がその時々の必要性やさまざまな思いをもって作り上げてきたのが「今」のその園の保育なのである。ESDとは、そうした歴史性と物語を継承しつつ、そこに新しさを加えたり、生み出したりしていくものである。これまでの実践に敬意を払いつつ、環境や活動に新たな意味を付与し続けていくことは、保育者の重要な使命であろう。

　私たち執筆グループは、ESDを「継承と創造」という言葉で表現しようと考えているが、保育もまた「継承と創造」の営みといえる。保育の中で何を継承し、何を新たに生み出していくのか。どのような生活を子どもと共に、保護者と共に、地域の中でつくっていくのか。保育者からの発信が期待されている。

〈参考文献〉
・文部科学省「幼稚園教育要領」2017年
・文部科学省「幼稚園教育要領解説」2018年
・厚生労働省「保育所保育指針」2017年
・内閣府、文部科学省、厚生労働省「幼保連携型認定こども園教育・保育要領」2018年
・倉橋惣三「幼稚園真諦」1953年、フレーベル館
・鹿島和夫（編）「一年一組せんせいあのね それから―詩とカメラの学級ドキュメント」1994年、理論社
※事例1、2、4は、執筆者の保育者からの聞き取り事例。

第3章

ESDからみた子どもの発達とその支援

田爪宏二

第1節　子どもの発達とESD

(1) "Development"の意味するところ

　文部科学省日本ユネスコ国内委員会によれば、ESDは「持続可能な社会づくりのための担い手づくり」であるとされる。ところで、ESDのD (Development) は、環境問題の文脈では「開発」、経済・社会の文脈では「発展」という語があてはめられるので、左記の表現では「社会づくり」に該当するだろう。しかしながら、Developmentにはもうひとつの視点があるように思える。それは、人間のDevelopment (発達) という視点である。つまり、ESDは、「社会づくり」すなわち社会や文化の形成を目指して行われる教育であるとともに、その過程において子どもたちが、持続可能な社会の担い手として「発達する」ことを目指して行われる教育として捉えることもできるであろう。

　本章では、環境との関わりによる子どもの発達、そして持続発展可能な社会の担い手としての成長・発達、さらにはそこにおける教育・保育という視点からESDを考えてみたいと思う。

(2) 発達と社会・文化的環境との関係

　まず、人間の発達と社会・文化的環境との関係について考えてみることにしよう。既に知られているように、発達の理論には大きく2つの立場がある。すなわち、ピアジェ (Piaget, J.) の発生的認識論に代表される生物的視点、そして、ヴィゴツキー (Vygotsky,

L.S.) の歴史的-社会的発達論に代表される社会・文化的視点である。

　ピアジェの提唱した発生的認識論では、子どもの認知、思考の発達を個人と環境との相互作用という点から説明している。そこにおいては、子どもは自分の持っている認識の枠組み（シェマ）を用いて環境から情報を取り入れたり（同化）、環境に適応するために現在のシェマを変更したり（調節）することを繰り返し、両者のバランスを取ること（均衡化）によって認知や思考の構造が変化しながら徐々に発達していくとされる。また彼は、認知、思考の発達をおよその年齢区分によって発達段階として示した。ピアジェによれば、個人差や社会や文化の差異によっては各段階が出現する速さが異なることはあっても、発達段階が出現する順序は定まっており、人間の認知発達が一定の道筋に規定されているという。

　他方、ヴィゴツキーの提唱した文化的－歴史的発達論では、発達のメカニズムを、文化的、歴史的に培われてきたものが、教育をはじめとする社会的な営みによって個人に内面化される過程として説明している。すなわち、子どもを取り巻く自然、社会、文化をはじめとするさまざまな外的環境のありようが発達に大いに影響すると考えたのである。この考え方は、発達が社会や文化によらず普遍的であるとする生物学的、自然主義的な発達理論に対して批判な立場であると考えられる。

　ヴィゴツキーは、発達を社会、文化的要因に依存したものであると考えたことから、文化を伝える環境要因としての教育の重要性を強調している。ここから、ESDと子どもの発達との関係を考えることができる。既に述べたとおり、ESDは持続可能な社会を形成する担い手としての能力を身につけていくための教育である。子どもは、自らを取り巻く環境の影響を受けながら発達するが、環境の要因やそこから受ける影響は決して普遍的なものではなく、それらの変化によって子どもの発達もまた変化すると考えることができる。つまり、子どもに最適な環境を提供し、その影響がより良いものになるための教育的配慮という点からESDを考える必要性が理解できるだろう。さらに、ESDを通して子どもが成長・発達を遂げ、将来形成する持続可能な社会や文化は、次の世代の子どもたちの発達における大きな環境要因となると考えられる。

　子どもの発達における、社会や文化の環境要因の影響について、もう1つ興味深い理論を紹介しよう。ブロンフェンブレナー（Bronfenbrenner, U.）は、人間の特性をその生活様式や行動、環境との相互作用から明らかにしようとする生態学の立場から、生態学的（ecological systems）モデルを提唱している[1]。図3-1は、このモデルを図式化したものである。既に述べたように、人間の発達には、まず個人が直接的に関わる環境との相互作用が影響を及ぼしている。さらに生態学的モデルでは、個人が関わる様々な環境同士にも相互作用や階層的な関係があり、これらによって子どもは様々な環境から直接的、間

接的に影響を受けながら発達していくと考えられている。すなわち、子どもの発達を考える際には、子どもが直接関わる環境だけでなく、環境同士の関係や、環境を取り巻くさらに広い要因に目を向ける必要があるといえよう。

(3)「非認知的能力」とESD

近年、教育経済学＊の分野において、幼児期の教育への投資が非常に高い社会収益を生み出すという知見がある。代表的なものに、ノーベル経済学賞の受賞者でもあるヘックマン (Heckman, J.J.) による研究が挙げられる[2]。彼は、40年間にわたる縦断的研究の結果から、質の高い就学前教育を受

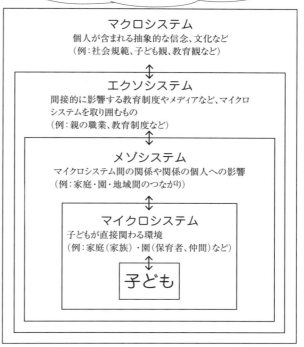

図3-1　ブロンフェンブレナーによる生態学的モデル

けた子どもはそうでない子どもに比較して、その後の学歴や収入、就業において良い成績を示すことを明らかにした。この結果に基づき、人に対する資本投資の収益率は就学前において最も高く、その後、年齢とともに低下する、すなわち、幼児教育への投資が社会に対して高い経済的効果を生むことを指摘したのである。

経済的な側面だけでESDの問題を捉えることはやや拙速であるかもしれないが、上のような指摘は、ある面において乳幼児期におけるESDの必要性を支持するものであるといえよう。つまり、子どもが将来、社会を形成する有能な人材になるための力を育てるため、教育は幼児期に行うことが重要であると考えられるのである。

ところで、本章をはじめるにあたって、ESDについて子どもが持続可能な社会の担い手として「発達する」という視点を示した。それでは、幼児期において、持続可能な社会の担い手となるために育つべき力とはどのようなものであろうか。この点に関して、ヘックマンは「非認知的能力 (non-cognition skills)」を提唱している。非認知的能力とは、

＊**教育経済学**　教育の経済的効果や教育にかかる費用と効率性との関係など、教育と関連する経済事象を研究する学問。

社会の中で適応的に生きていくための社会・情動的能力や、知的な能力を現実場面で活かしたりコントロールしたりする意欲や自己調整能力*を指す。これらの能力は、従来学校教育において重視されてきた認知的能力（言語と数学の能力を中心とした、知能検査や学力テストで測定される能力）とは異なる能力（このため「非」認知的能力と呼ばれる）である。先に述べたヘックマンの調査によれば、質の高い就学前教育を受けた子どもとそうでない子どもとの差異は、認知的能力よりも非認知的能力において顕著であり、この非認知的能力が人生の成功と大いに関連するという。

　非認知的能力に含まれる具体的な能力としては、自己認識（自分に対する自信）、意欲、忍耐力、自制心、メタ認知的方略（自分の状況の把握）、社会性、レジリエンス（回復力）とコーピング（対処能力）、創造性、性格特性などが挙げられている[3]。これらの能力は、従来の知能研究において取り上げられてきた「情動性知能」**[4]や、文部科学省が教育の目的として掲げる「生きる力」***とも関連するものであると考えられる。

　新しく改訂された幼稚園教育要領（文部科学省、2017）においては、「幼児期の終わりまでに育ってほしい姿」として、自立心、協同性、道徳性・規範意識の芽生え、社会生活との関わりなどの社会・情動面が挙げられており、これらの力もまた、非認知的能力に位置づけられるものであると言えよう。但し、思考力の芽生えや、数量や文字に対する関心など、認知的能力の基礎となる力の育ちもまた幼児期の終わりまでに育ってほしい姿として示されている。これらの知見を踏まえ、ESDの視点から幼児期の発達を考えると、認知的能力及び非認知的能力に関わる諸能力がバランスよく発達することが、持続可能な社会の担い手としての基礎を培うものであり、そのための支援が幼児教育・保育において求められていると考えられよう。

　＊自己調整能力　動機づけやメタ認知をはじめとして、自分自身の能力に積極的に関与し、コントロールすることができる能力。
　＊＊情動性知能　自己の情動の理解・調整、他人との共感・調和に関する能力。例えば、「自分の本当の気持ちを自覚し尊重して、心から納得できる決断を下す能力」「他人の気持ちを感じとる共感能力」「集団の中で調和を保ち、協力しあう社会的能力」等。
　＊＊＊「生きる力」　文部科学省が学校教育において培うべき力として掲げたもので、「いかに社会が変化しようと、自分で課題を見つけ、自ら学び、考え、主体的に判断、行動し、よりよく問題を解決する資質や能力、また、自らを律しつつ、他人とともに協調し、他人を思いやる心や感動する心など、豊かな人間性を備えた全人的な力」。「生きる力」の要素には、確かな学力（自ら学び自ら考える力）、豊かな人間性（他人を思いやる心や感動する心）、健康・体力（たくましく生きるための健康や体力）が挙げられる。なお、幼児期は「生きる力」の基礎を培う時期であるとされる。

第2節 「いのちを大切にする心」の育ちと教育

(1)「いのちを大切にする心を育てる教育」

ここでは、ESDに関わる教育の一例として、「いのちを大切にする心を育てる教育」を取り上げる。文部科学省日本ユネスコ国内委員会によれば、ESDの実施には特に次の2つの観点が必要であるとされている。すなわち、「人格の発達や、自律心、判断力、責任感などの人間性を育むこと」、そして「他人との関係性、社会との関係性、自然環境との関係性を認識し、"関わり"、"つながり"を尊重できる個人を育むこと」である。これらの視点からESDの意義を考えるとき、他者や社会との関わりやつながりを尊重する姿勢に関する教育的課題の1つとして、自分自身と他者、さらには自然環境における「いのち」について考えることが挙げられる。

学校教育の中では、児童、生徒に対して「いのち」を大切にする姿勢を育てることが教育目標の1つとされている。例えば、小学校学習指導要領（文部科学省、2017）では、道徳科において「生きることのすばらしさを知り、生命を大切にすること（1、2学年）」「生命の尊さを知り、生命あるものを大切にすること（3、4学年）」「生命が多くの生命のつながりの中にあるかけがえのないものであることを理解し、生命を尊重すること（5、6学年）」というように、「いのち」の素晴らしさや大切さに関する内容を取り上げている。また理科教育では分野「生命・地球」において生命を尊重する態度を育てることが目標に掲げられている。

(2) 子どもの「いのち」に対する認識

ここで、子どもの「いのち」に対する認識の特徴について考えてみよう。少し以前の調査になるが、神奈川県教育委員会が「いのち」や他者との関わりを大切にしながら豊かな心をはぐくむ教育の推進を図ることを目的として行ったプロジェクトの中で、県下の小中学生に実施したアンケートがある[5]。筆者らはそのアンケートについて、主に心理学の立場から分析を担当した。それによると、まず「自分の『いのち』は大切ですか」という質問については、小学5年生で約5％、中学2年生では約10％が「あまり大切でない／大切でない」と回答し、また、約5％が「わからない」と回答している（図3-2）。同様に、「自分によいところがあると思いますか」「自分のことが好きですか」という質問についても、学年と共に否定的な回答が増加し、特に中学2年生では50％を超えていた。この結果について、子どもが命や自己に対して否定的な感情を持っていることは意外に感じられるか

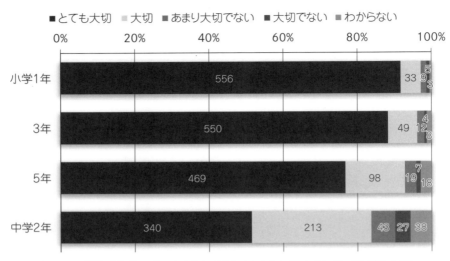

図3-2 設問「自分の『いのち』は大切ですか」に対する回答（数値は人数）

もしれない。しかしながら、児童期の後半から思春期にかけて、子どもは徐々に自己の内面をより深く、多面的に考えるようになり、また、授業やテストをはじめとして、他人との競争の中で評価されたり、順位をつけられたりする経験が増える。それらによって、自分自身の評価に慎重になったり、ときには劣等感を抱いたりすることがあるために、「いのち」や自分自身に対して否定的な感情をもつことは、ある程度自然なことであると思われる。

他者の「いのち」や他者との関わりに関する内容については、自己に関するそれよりもやや肯定的であった。例えば「他の人の『いのち』は大切ですか」という質問については、「あまり大切でない／大切でない」という回答は、小学5年生で約2％、中学2年生でも約3％であった。また、他者の「いのち」に対する認識や、対人関係・生活適応、向社会的な意識に関する質問においては性差がみられ、いずれも女子の得点が高かった。つまり、対人的な認識については、女子の方が肯定的であると考えられる。

(3)「いのち」の大切さに対する認識に影響する要因

子どもたちが「いのち」の大切さに対して肯定的な感情を持つにはどうしたらよいのか、ということについて、筆者らは、先述したアンケートのより詳細な分析を行い、質問した自分や他者の「いのち」の大切さに対する認識と、他の質問項目との関係を検討した[6]。具体的には、重回帰分析を用いて、自分や他者の「いのち」の大切さに対する規定因の分析を行った。その結果、「学校での生活は楽しい」「悩んだり困ったときに相談できる友だちがいる」といった、対人関係や生活環境への適応に関して肯定的であるほど、自己、他者を含む総合的な「いのち」の大切さに対する認識が肯定的であることが明らかになった。

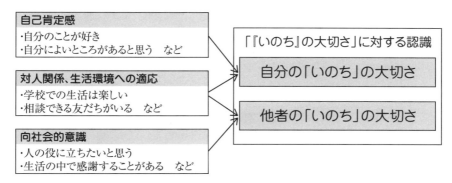

図3-3 「いのち」の大切さに対する認識に影響する要因

さらに、自分の「いのち」の大切さに対する認識には「自分のことが好き」「自分によいところがあると思う」などの自己肯定感が、他者の「いのち」の大切さに対する認識には「人の役に立ちたいと思う」「普段の生活の中で、感謝することがある」などの向社会的な意識が、それぞれ関係していた（図3-3）。他方で、それらに比べれば、「自分の『いのち』や死について考えることがありますか」「人が死んでしまった後、どうなるか考えることがありますか」「死んでしまった人や動植物などが生き返ることがあると思いますか」などの命に関する考えや態度、また「自分が生まれたときの話を聞いたことがありますか」「生きることの素晴らしさや、死について、家の人と話すことがありますか」などの「いのち」について考える体験は、「いのち」の大切さに対する認識にはあまり大きな影響を与えていなかった。つまり、子どもにおける「いのち」の大切さに対する認識は、命に関する態度や経験以上に、学校、家庭生活や対人関係といった日常生活に対する認識が肯定的であるか否かに影響を受けていると言える。言い換えれば、子どもたちの日常生活が充実することが子どもの「いのち」の大切さに対する認識を育てる重要な要因であると考えることができる。

　自分や他人の「いのち」が大切でないと感じる、「いのち」に対する否定的な認識や無関心さについては、思春期の発達的な特性だけでなく、現代の情報化社会におけるコミュニケーションの質的な変化の影響も考えられる。例えば、「いのち」の大切さに対する認識には、このような学校における直接「いのち」に関わる経験や知識の教授とともに、家庭、学校における生活や人間関係といった、日常生活そのものが子どもの「いのち」に対する認識に影響を及ぼしている可能性も考えられる。一例として、小学5年から中学2年生を対象とした調査において、「人は死なない」「死ぬことは怖ろしくない」と回答した児童、生徒は「家族に愛されていない」「テレビの視聴が長い」「パソコンの使用時間が長い」といった傾向がみられ、児童、生徒の生命観と日常生活の状況との関連が指摘されている[7]。

　また、近年の日常生活の変化について、携帯メディア、インターネットやSNSが子ど

もたちの間にも普及し、直接顔を合わせないコミュニケーションが増える一方で、人間同士の直接的な関わりの量が減り、質が希薄化していくことも懸念される。特に、スマートフォンをはじめとした、メディアによるコミュニケーションでは、より速く、より手短で効率良くという点が強調されがちであるので、自分自身や他者との関係に深く関心をもって、面倒な部分も含めてじっくりと、自分や他者に関わるという姿勢が失われかねない。今後もメディアによる経験やコミュニケーションは子どもたちの間に一層浸透していくと考えられるが、それは決して直接的な経験に代えることができるものではないだろう。日常生活の充実が子どもの「いのち」の大切さに対する認識と深く関わっているという調査結果が示唆するように、日常生活における人間同士の生き生きとした関わり合いこそが、子どもの「いのち」の大切さに対する認識を高める基本的で最も重要な要因であると考えられるだろう。

第3節　ESDの実践者としての保育者に必要な力
―保育者養成大学におけるワークショップの事例―

　ESDを通して子どもの成長、発達にかかわる大人もまた、その過程においてESDの視点を得ながら成長していくことが考えられる。このことに関して、本節では、第2節において取り上げた「いのちを大切にする心を育てる教育」を事例として、乳幼児の発達支援に重要な役割を持つ保育者において、子どもを対象としたESDのあり方について学ぶその過程において、自分自身がESDの視点を得ることの必要性について考えてみたい。

(1) 保育における「いのちを大切にする心を育てる教育」
　保育の中で「いのちを大切にする心を育てる教育」を取り上げる場合、知識として伝えるよりもむしろ、日常の経験を通して気づく「いのち」の大切さに焦点を当てることが重要であるといえる。しかしながら、現代の若者はもちろん、保育者・教師を志す大学生（あるいは現職の保育者ですら）においてもなお、生活経験の乏しさや、生活経験を教育的価値あるものへと再構成する力量の不足が懸念される。そのような保育者が、子どもや自分の生活と関連づけずに課題活動的に「いのち」の大切さを扱ったとしても、真の意味での教育的な効果は期待できない。つまり、子どもたちに「いのち」の大切さについての教育を行うためには、保育者自身がその問題についての自分なりの考えをもたなくてはならない。このことは、ESDについても同様のことがいえる。すなわち、ESDで育みたい力として文部科学省が提示している「持続可能な開発に関する価値観」「体系的な思考力」「代

替案の思考力（批判力）」「データや情報の分析能力」「コミュニケーション能力」「リーダーシップの向上」といった力は、ESDの実践者である保育者においても身につけるべき能力であると考えられるのである。

　このような、保育者が「いのち」の大切さについての考えをもつこと、そして上述したESDで育むことが目指される力量を身につけることは、保育者として実践を重ねながら習得されていく側面もあるだろうが、その前の段階、すなわち保育者養成課程の段階においてある程度は獲得しておく必要があると考えられる。

　以降では、このような視点から、筆者が保育者・教員養成大学の授業において実施しているワークショップの事例を紹介する。

(2) ワークショップ：「いのちを大切にする心を育てる教育」を考える

　筆者は、ここ数年、保育者、小学校教員養成を主とする大学の３年生を対象とした演習授業の中で、ワークショップ形式の討論による問題解決の演習を実施している。授業の第１の目的は、「いのちを大切にする心を育てる教育」についての具体的な方策（仮説）を考案することと、それを通して当該の問題について考察を深めることである。第２の目的は、ワークショップ形式の主体的な活動を通して、ESDで育むことが目指される力量を学生自身が身につけることである。１回90分の授業を７回使用して実施している。

　ワークショップでは、６〜７名のグループでブレーンストーミング*によるグループ討議、およびKJ法**の手法を応用した討議内容の図式化、可視化を行った。このようにして作成された概念図はまさに多種多様であるが、ここではその一例を紹介しよう。図3-4の上段には現物の写真（実際はB1サイズの模造紙）、下段にはその要約を図式したものを示してある。

　このグループでは、主に図の左上から右下に向かって議論が展開していることが読み取れる。すなわち、まず左上にある自分自身の体験談から議論がスタートし、続いて右隣にある学校教育で扱われる「いのち」の問題、さらには体験談や学校教育から受けた感想や印象が左下へと続いている。学校教育の問題から話が展開し、図では右方向に向かって学校教育の環境やそこで生じる問題として、いじめや自殺等の話題が挙げられている。それらを踏まえた上で、子どもに育って欲しい力が挙げられている。そして、このグループの結論は下部中央に示されており、「子どもの主体性を身につけること」、また「『いのち』

　＊ブレーンストーミング　アメリカの心理学者オズボーン（Osborn, A.F., 1941）の考案した創造性開発のための技法である。集団であるテーマをめぐって、既成概念にとらわれず自由奔放にアイデアを出し合う会議形式の一種。
　＊＊KJ法　地理学者川喜田二郎（KJはその頭文字）創案の、情報を整理し仮説の発想を導く方法。

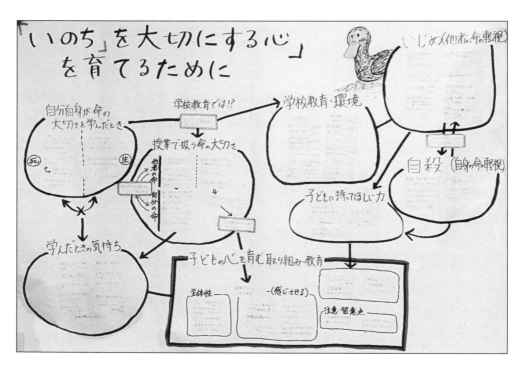

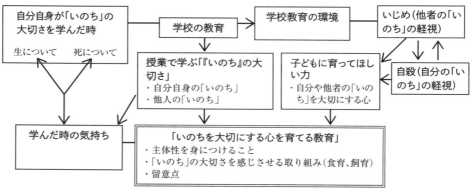

図3-4　KJ法により作成された図（上段）とその概略（下段）

の大切さを感じさせる取り組み」として、「食育」や「動物の飼育」、さらに、そこにおける留意点として「無理な教え込みを行わない」等が挙げられている。

　ワークショップ終了時の個人の見解や討論の結果をみると、多くの受講生が様々な取り組みによって子どもにいのちの大切さを「教える」ことを重視しがちであった。例えば、「食育や植物の栽培、動物の飼育によって『いのち』の大切さに気づかせる」「安全教育など、生活や遊びの中で「『いのち』の大切さに気づかせる配慮」などの活動を学校教育、保育に導入するといった意見も多くみられている。

　このような視点は、学生に限ったことではなく、特に小学校以上の学校教育の進め方の

中にもみられるものである。例えば、児童期における「いのち」の大切さに対する認識に影響を与える要因として、従来、学校教育現場において重視されてきた主な内容は、生命や「『いのち』の大切さ」に関する知識の教授（授業）、さらには、動植物を含めた様々な生命の誕生、死に触れる経験といった、直接「いのち」に関わる内容であると思われる。小、中学校の教師を対象とした調査[8]においても、「いのち」の大切さや死についての教育の内容として多く挙げられたものは、「ニュースや出来事を取り上げて話し合う」「本や物語を読んで話し合う」「動物を飼うなど、生き物を通して」「教師自身の人生経験から話をする」等が挙げられている。しかしながら、このような「いのち」の大切さを直接的に「教える」という教育活動だけでは、真に子どもたちの「いのちを大切にする心を育てる」ことにつながるだろうか。もちろん「いのち」の大切さを理解することについては一定の効果は期待できるだろう。しかしながら、前節で述べたアンケート分析の結果をふまえると、それらの教育が効果を持つためには、まず日常生活そのものが充実したものでなければならないのである。

　話をワークショップに戻すと、授業の総括において担当教員である筆者から学生たちの発表に対してコメントを述べるのだが、その際、当該のテーマに関する学術的知見として、前節で述べたアンケート分析の結果、すなわち、子どもの「いのち」の大切さに対する認識は、「いのち」に係わる直接的な体験よりも、生活や対人関係といった日常生活に対する認識の影響が大きい[9]、すなわち、日常生活の充実を保証することが「いのち」の大切さに対する認識を育てる重要な要因であることを講じた。具体的に「何を教えるか」に終始しがちである学生にとって、その背後にある子どもの生活の充実やそのための教育を考えることが、実は欠落しがちなのである。左記のコメントは、そのような傾向のある学生に対して、新たな視点を与えることを意図している。

　ワークショップ終了後のレポートから、受講生は討論の中で自分の意見を述べ、他者の視点に触れること、さらには作図によりで思考を具体化、視覚化することで、テーマに対する認識を変容、深化させていたことが窺われた。さらに、授業担当者から提示された学術的知見から、生活環境を充実させることの重要性にも気づき、各学生が討論の結果と学術的知見を摺り合わせることで、自分なりの「いのちを大切にする心を育てる教育」のありかたを考察していく様子がみられた。

　先に挙げた文部科学省日本ユネスコ国内委員会によれば、ESDにおける学び方・教え方には、「"関心の喚起→理解の深化→参加する態度や問題解決能力の育成"を通じて"具体的な行動"を促すという一連の流れの中に位置付けること」が必要であるとされる。これは、今回紹介したワークショップにおける学生の学びにも共通するところがあると思われる。すなわち、ワークショップを通して「いのちを大切にする心を育てる教育」のあり

方を考えることが、ESDにおける学び方の獲得に繋がったと考えることができる。自らがESDの視点を持つことは、ESD教育の実践者としての力量を身につける過程において非常に重要なことであり、本事例にはそのような教育的効果が内在していると考えることができよう。

第4節　世代をつなぐ保育：世代間交流とESD

(1) 世代間交流とESD

　前節においては、保育者養成大学における「いのちを大切にする心を育てる教育」に対する考えを促す授業について紹介した。ここでは、ESDに関わる保育者養成のもうひとつの実践の事例として、世代間交流とその支援についての取り組みを紹介する。

　はじめに、世代間交流とESDとの関係について考えてみよう。まず、「持続可能な社会」を形成するためには、上の世代から次の世代へと社会における環境や文化が継承されていかなければならない。このような継承は、世代間交流の直接的なかかわりなくしては成し得ないものである。さらには、継承の担い手としての子どもの成長・発達についても同じことが言える。例えば、レイヴ（Lave, J.）とウェンガー（Wenger, E.）の提唱した正統的周辺参加理論では、学習とは状況に埋め込まれたものであり、個人が共同体に実践的に参加、関与することによって学習が成立し、発達が促されるとされる[10]。特に、世代間の交流を通して、家庭（家族）とは異質の存在である人々、地域の文化と関わることには、地域の社会的、文化的要因の内在化を促す効果があり、地域文化の伝承にも繋がっていくと考えることができよう。これらの点において、世代間交流は、ESDすなわち持続可能な社会づくりの担い手としての子どもの教育としての重要な役割があると考えることができる。

　以前の社会では、世代間交流が家庭や地域社会に内包されており、社会の中で自然に成立していた。しかしながら、都市化、少子化、高齢化による地域社会の変容に伴って、世代間の日常的な交流は失われつつあると言える。このため、現代の世代間交流の実践においては教育・保育や福祉等からの支援が必要であり、教育、保育の中で世代間交流を積極的に導入しようとする試みが増えてきている。

(2) 幼児－高齢者統合施設における世代間交流を通した子どもの発達

　筆者らは、沖縄県の北部、国頭村の保育所と高齢者福祉施設との統合施設をフィールドとして、保育における世代間交流の支援力を育成するための保育者養成の実践的研究を

表3-1　世代間交流による子どもの変化（保育士への聞き取り）

社会性の育ち
- 子どもたちは、人前（高齢者の前）で（活動を）やるっていうことで、度胸もありますし、敬老会の時に、向こう（他の地区）の大人とか、皆さんがここ（保育所）の子どもたちは、度胸あるねっていう話はよく聞かれますね。
- いろんな人との関わりがこの施設は多いので、物怖じするっていう姿が、なくなってきたりとか、人前で発表することができるようになったりっていうのが、あるのかなって。
- 地域の行事とか、お店で（高齢者と）会う時は、（略）色々お話してます。地域に帰った場合、もう、本当に馴染みっていうか、自分のおばあ、みたいな感じで。

高齢者に配慮した行動
- （デイケアの施設で、高齢者を気遣って）子ども同士で声かけし合って、誰だれ、走っちゃだめだよーっていうような感じで今やっていますね。ついつい走っちゃうこともあるんですけど、（子どもたちは）分かっているようで、（走らないように）声かけ合ってます。
- （子どもが高齢者の）ちょっと車いすを押してあげたりする姿も見られたので。

表3-2　世代間交流による高齢者の変化（施設職員への聞き取り）

情緒の安定
- 引きこもりの方がいらっしゃったんですね。施設の職員が子どもを連れて行ったら、このときは、「あの、かわいいねえ、おいで」とか、そういう風に笑顔が増えたっていう方がいらっしゃいます。
- 職員に対して、すごい暴言をはいているといわれて来た方が、子どもに対しては（暴言を）言わなくて、（略）子どもがたくさんいますよって（伝えたら）、もう、すごいあの（にこやかな）表情で、おいでおいでおいでって言ってたんですね。担当のケアマネージャーさんとかが、これだけこの方が穏やかにすごせるのは、ずっと常に子どもたちがいるからでしょうねっていう話をしておられて。

子どもに配慮した行動
- 子どもがこっち（デイケア）にいたら、もうずっとあの、（略）見張ってるでもないんですけど、ずうっとこうやって目で追ってますよ。見守ってるんですね。
- （レクリエーションゲームで）子どもたちが勝つように、元気なおじいちゃんおばあちゃんがわざとはずしたりとか…
- 縄跳びをやったら、おじいちゃんおばあちゃんたちが拍手したりとか、（外にいる）子どもたちを、（室内で）お帰りっていって迎えてくれていますね。

行っている。施設の概要や実践プログラムの詳細については吉津ら[11]に詳しいが、この施設における世代間交流の大きな特徴は、交流がいわゆる「行事」ではなく、毎日の保育プログラムの中に組み込まれ、日常的に行われていることである。また、毎日子どもと高齢者が一緒に昼食をとり、合同のアクティビティを実施しているが、子ども、高齢者それぞれの活動に干渉しすぎないように配慮がなされ、無理の無い交流が実現できていることも特徴的である。

　ここでは、このような世代間交流が子どもにとってどのような効果を持つのかについて述べる。このことについて明らかにするために、筆者らは保育所の保育士、高齢者（施設の利用者）、高齢者施設の職員にインタビューを実施している[12]*。表3-1には、子ども

＊調査において東 郁弥さん（現・岡山県矢掛町立三谷小学校）の協力を得た。

の育ちに関する保育者の発話の事例が示してある。ここから、世代間交流により高齢者に対する配慮や社会性の育ちが認識されている。さらに、世代間交流の効果は、日々かかわる高齢者に対してのものだけではなく、施設外での行動や日常生活においてもみられていることが窺われる。

　また、世代間交流による効果は互恵性、すなわち子どもだけではなく高齢者にも変化をもたらしている。表3-2には、世代間交流による高齢者の変化についての、高齢者施設職員の発話の事例が示してある。ここから、世代間交流による効果として、高齢者の情緒の安定や、子どもに配慮した行動が増えていることが認識されている。

　保育者や施設職員の発話事例は、子どもや高齢者の個の成長や変化に関するものが多いが、その中には子どもと高齢者とがお互いに関わる力を身につけている姿が窺われる。このような変化を伴いながらで世代間の交流が活性化し、その中で世代間の文化伝承が行われていくことが期待される。なお、このような世代間交流は、保育者と施設職員とが日常的に連携・協働することによって実現しているものである。このような連携・協働による世代間交流の支援も、ESDの1つの取り組みであるということができるだろう。

おわりに──「環境が発達する」

　本章では、子ども環境との関わりによる、持続可能な社会の担い手としての発達、およびそこにおける大人（保育者）の支援という視点から、ESDについて考えてきた。

　第1節において述べたように、近年社会・情動的能力や、意欲や自己調整能力といった「非認知的能力」が注目され、それが持続可能な社会の形成者としての基礎をなす重要な要因であり、その発達のための支援が幼児教育・保育においても求められている。本章で事例として取り上げた「いのちを大切にする心を育てる教育」や世代間交流の事例も、子どもの社会・情動面の発達に注目しているという点では、非認知的能力の発達を支援する取り組みとして捉えることができよう。

　また、社会や文化の発展と子どもの発達とは、それぞれが単独に生じるのではなく、両者の相互作用の中で成し遂げられるものであると考えられる。このことに関して、近年の発達心理学のなかでは「環境が発達する」という視点が取り上げられている。すなわち、発達の対象を子どもだけでなく、子どもの発達とともに子どもを取り巻く環境や、子どもを教育、支援する大人にまで広げるという考え方である。大人（親や保育者）の支援によって子どもが発達していく過程においては、子どものかかわる環境もまた充実していく。さらに、支援をしている大人自身もまた、支援を通して子どもの発達に携わる経験を積み重

ねることで子どもや環境への理解、支援のスキルが精緻化、向上していくといえる。
　ESDに関しても、この「環境が発達する」という考え方を援用することができると思われる。すなわち、ESDは持続可能な社会の担い手としての子どもの成長、発達を目指して行われる教育であるが、その過程においては、子どもだけでなく子どもを取り巻く環境や、社会、文化的環境としての大人もまたESDの視点を得ながら発達していくと考えることができるのではないだろうか。つまり、ESDを通して子ども、大人を含めた社会全体が持続可能な社会へ向けて成長・発達していく可能性があると言えるだろう。

引用文献
(1) Bronfenbrenner, U., 磯貝芳郎・福富護訳『人間発達の生態学：発達心理学への挑戦』1996年、川島書店
(2) Heckman, J. J., 大竹文雄解説・古草秀子訳『幼児教育の経済学』2013年、東洋経済新報社
(3) Gutman, L. M., & Schoon, I. (2013). The impact of non-cognitive skills on outcomes for young people. Education Endowment Foundation. 中室牧子『「学力」の経済学　ディスカヴァー・トゥエンティワン』2015年
(4) Goleman,D., 土屋京子訳『EQ-こころの知能指数』1996年、講談社。Salovey, P., & Mayer, J. D. (1990). "Emotional intelligence." Imagination, Cognition, and Personality, 9, 185-211.
(5) 神奈川県教育委員会「『いのち』を大切にする心をはぐくむ教育」指導資料、2008年
(6) 田爪宏二・鈴木公基・高橋悟「小・中学生における『いのちの大切さ』に対する認識と日常生活要因との関連」児童研究89、3-11、2010年
(7) 阪中順子「学校現場から見た子どもの生と死」発達109、38-45、2007年
(8) 袖井孝子・内田伸子「子どもの安全と命の教育に関するアンケート調査」内田伸子（編）『幼児の安全教育に関する総合的研究』2006年、財団法人セコム科学技術振興財団研究助成平成17年度成果報告書、115-185
(9) 田爪宏二・鈴木公基「児童期における『命の大切さ』に対する認識と命に関する態度，経験との関連」日本心理学会第73回大会発表論文集1140、2009年。田爪宏二・鈴木公基・高橋悟「小・中学生における『いのちの大切さ』に対する認識と日常生活要因との関連」児童研究89、3-11、2010年
(10) Lave, J., & Wenger, E., 佐伯胖訳『状況に埋め込まれた学習：正統的周辺参加』1993年、産業図書
(11) 吉津晶子・溝邊和成・田爪宏二「保育者養成課程におけるクロス・トレーニングの試み：幼老統合施設における実習と参加学生の意識調査」日本世代間交流学会誌2、69-78、2012年。矢野真・田爪宏二・吉津晶子「保育者養成校における子どもと高齢者をつなぐ造形活動：保育者を目指す学生の学びを中心に」日本世代間交流学会誌3、67-76、2013年
(12) 田爪宏二・吉津晶子・矢野真・溝邊和成「日常的な世代間交流が幼児、高齢者の心理的変化に及ぼす影響：幼児-高齢者複合型施設における事例から」日本世代間交流学会第8回大会発表、2017年

参考文献
・Piaget,J., 芳賀純訳『発生的認識論』1972年、評論社
・Vygotsky, L. S., 柴田義松訳『精神発達の理論』1972年、明治図書
・Vygotsky, L. S., 柴田義松訳『心理学の危機』1983年、明治図書
・善岡宏・島屋亜矢子「いのちの学習に関する発達的研究」長崎大学教育学部紀要72、49-68、2008年

「地域」における保育とESD
―地域で育てる・地域で育つ―

吉川 はる奈

第1節　地域で子どもを育てる・いま

(1) 地域の子育ての現状と保育

　待機児童の問題は依然深刻で、解決の糸口が見出せない。都市圏に住む子育て中の保護者は仕事に就くためには保育所を選択し、子どもの入所が決まることを望むが、思うようにすすまず心的負担になっている。いわゆる「保活」に関する情報はインターネットサイト、SNSや活動組織としても、急激に増大しているという。まさに地域の保育の現状が子育てに影響を与えているといえる事態である。

　「保活」だけでは終わらず、保育園卒園後は学童保育所の入所も必要になる。当然ながら学童保育所も待機児童問題を抱えている。学童保育所の指導員によると、最近は「学童保育所に入れますか？　入れるならその地域への転居を考えています」という電話があるという。驚くことに「お子さんは来年1年生ですか？」とたずねると、「今、3か月です」との答え、まだ0歳児である。「保活」だけでは終わらず、子どもは成長するので、数年後の学童保育所入所も視野に入れて、「保活」と「学活」をするのだという。

　こうなると、同じ月齢のお子さんをもつ子育てママ同士は仲間ではなく、限られた入所枠を互いに争う関係になってしまう事態だという。

　一方、幼稚園の入園では、保護者が子どもを入園させたい幼稚園選びに頭を悩ませるという。幼稚園バスもあるので、家から一番近い立地にあるから、という理由だけで選ぶということではない。延長保育の有無？　お弁当か給食か？　行事への協力は？　先生の雰

囲気は？　先輩ママの評判は？　保育の特徴は？　PTAの活動は？　卒園までに小学校の準備をどのくらいしてくれる？　教材費の金額は？　園の制服は？　体操着は？　バスの送迎は？　などなど、幼稚園選びの条件は多様である。これもまた子育てに保育の状況が影響を与えている、といえる事態である。

保育園設置反対、建設中止を求める住民が、中止を求める理由に周囲の環境が子どもの声で騒々しくなるから、と説明したことが大きなニュースになった。もちろん、そのような住民ばかりではないことは確かだ。しかしその声があることもまた事実である。

保育所の園長は近隣の家庭に行事のたび、許可のお願いをしながら挨拶をしたり、交流できる行事には招待してきていただいたり、また地域の行事に参加し、協力するなど地域と丁寧にお付き合いしながら運営にあたっている。しかし、周辺地域の方との関係づくりは簡単ではなく、多くが子どもの声を周囲にできるだけ出さないことへの対策もすすめつつ苦悩している。

(2) 地域の子育て支援を支える人々

「地域で子育てを支援する」「地域で子どもを育てる」「社会が子どもを育てる」……。どのことばも子育て中の家族にとっては心強く響くことばだろう。

しかし、具体的には、地域の子育てを支える人々は誰か。保育者、教師、小児科の医師、保健センター保健師、近所の大人はもちろん、子育て広場、子育て支援施設の職員、児童館の職員などなど、さまざまな地域のメンバーが支え手となり、手をつなぎ、子育てする家族をサポートしようという。しかし、それだけでは不十分で、多くのボランティアが参加する。

ファミリーサポートセンター事業もその1つで、有償ボランティアとして子育てを助けたいと思うサポート会員が登録し、支援を依頼したいという依頼会員にサポートする仕組みである。自治体ごとにサポートセンターが機能して、提供会員と依頼会員のマッチングをする。依頼をする理由には制限がなく、マッチングが成立すれば、多くの保護者が気兼ねなくお願いできる助け合いである。つまり、買物、きょうだいの保護者会の出席、介護、通院など、さまざまな理由で使用している。困っている保護者（依頼会員）に、ちょっとしたお手伝いをしますよ（提供会員）というしくみである。

なかには、依頼会員としてサポートを受けた保護者が、子どもが育ち、自分が提供会員としてサポート側に回るという方もいる。まさに育てる側の成長ともいえるだろう。地域の助け合いを仕組みとして整えたということだ。優れた仕組みではあるが、依頼会員に比べ、提供会員の登録が十分ではない。ご近所、いわゆる地域でのマッチングでないと成り立たない方法である。

2014年度実績で、基本事業は769市区町村実施、さらに病児・緊急対応強化事業135市区町村で実施している。会員数は2014年度末現在、全国で依頼会員（援助を受けたい会員）は49万人（47万人）、提供会員（援助を行いたい会員）は13万人（12万人）。カッコ内の数字は、2013年度末現在値である。

昔の日本には助け合うご近所の支えあいの風土があり、成り立っていた子育てサポートが、現在ではサポートセンター事業がつなぎ役として手助けすることで機能する仕組みといえる。仕組みの詳細は、各自治体にあるファミリーサポートセンターによるが、提供会員の質の向上のための養成方法や研修のありかた、相談体制等の整備もすすんできている。

(3) 訪問事業で点をつなぐ：地域の子育て家庭を専門家と非専門家が支える

子育て支援事業では、子育て広場や支援センターなど、子育てする者が通っていき、居場所にするような集う場がずいぶん増えてきている。ひとりで子育てするのではなく、社会で支えられている、地域で支えられているという実感をもてるように、不安をひとりで抱えないように、というものだ。一方で、子どものいる家庭に訪問し、実際に生活する場で子どもと保護者の様子に触れながら、リスクがあれば、早期に発見し、早期対応の糸口をつなぐ、また順調に育っている様子を確認できれば、大丈夫だと伝える、どちらも訪問事業として重要な役割をもつ。

具体的には、専門家による新生児訪問（母子保健法）と非専門家による乳児全戸訪問事業（こんにちは赤ちゃん事業　児童福祉法）である。双方で補いあいながら実施している自治体が多い。保健師など専門家が、支援が必要な新生児への支援を行うとともに、すべての乳児に日常的な様子を確認して大丈夫ですよと後押ししてくれる非専門家である子育て経験者、民生委員や児童委員が担うという。訪問することで、広場や支援センターにはやってこない対象を含む、すべての家庭を支援する仕組みになっている。待つのではなく、出向いて点在する対象者をつなぐ「新生児訪問指導」と「乳児家庭全戸訪問事業（こんにちは赤ちゃん事業）」はそれぞれ、新生児、乳児を訪問する支援事業である。前者は母子保健法に基づく気になる新生児への早期の支援であり、後者は子育ての孤立を防ぐ役割をはたし、役割分担している。アウトリーチ型のすぐれた仕組みであるが、必要に応じて、点となっている支援の必要な対象を線でつなぐ仕組みとして機能するときに、事業の価値が発揮されると考える。

(4) 地域の子育てや保育の場でみられる国際化

保育現場には、今、在園児およびその家族の国籍の多様化をあちらこちらでみることができる。子どもの遊びにも保護者の間でも多様な言語や文化が交じり合い交流ができるの

はうれしいことだが、混乱も生じるので実際の保育の場面での戸惑い事例もきかれる。

　保育者からよくきかれるのは、「保育所の連絡がスムーズに伝わらない」、という保護者の日本語理解が問題として表面化することだ。通訳して対応を工夫すること、定期的に相談しやすいように声をかける、イラストを使いながら示すなど、必ず紙に書いて渡す（口頭だと理解できない）、日本語がわかるパートナーや家族がいれば、そちらにも伝えるようにするなどなど、日常の必要事項伝達のために細やかな配慮をしている。漢字が読めない、文化の違い、食事の違いなど、きっとこんなはず、おそらくこうだろう、という予測はできないのが実態である。子どものほうが日本語の理解がスムーズだという場合は、子どもにも連絡をし、確認して漏れがないように配慮している。

　宗教上、食事の制約があり、給食、おやつなど食事への配慮が必要になることは多い。親同士で仲間をつくれそうな相手にも声掛けをしたり、出会いの機会をつくったりすることも意識して行うとのこと。

　例えば、大阪市中央区の連携型子育て支援拠点では、子育て中の外国人家族が子育てや生活上の相談の場としてよく利用し、子育て中の仲間同士が集える居場所として機能している。外国人の子どもが多い地域特有のニーズに合わせて、外国人の子どもへの学習支援や外国語対応マニュアル、パンフレットを作成し、子育て期の保護者だけでなく、子どもが成長し、小学生になってからも継続して家族が頼りにできる場所として活用されている。

　子どもが毎日かよう園の保育者は、外国籍の子どもや家族が抱く日常生活レベルでの戸惑いや混乱に速やかに気づき、対応できる者として力を発揮することが求められている

　地域で子育てをすることは、持続可能な社会をつくることそのものにつながっている。人間を尊重し、多様性を尊重し、環境を尊重するという価値観をもち、はじめて可能になる。また人を育てる、育てることにかかわるには、積極的な異文化とのコミュニケーションが必要でもある。柔軟かつ多面的なものの見方をして一人ひとり異なる子どもの世界と関心を共有できる人が増えていくことを望みたい。

第2節　地域に根づいてきた人々の暮らしと生活

(1) 木育と埼玉県

　埼玉県は、戦後、植栽されたスギ、ヒノキ林が現在、間伐の時期を迎えており、さまざまな治山事業や補助事業が行われている。埼玉県の木育もそのような流れの中で浸透してきた。県民が県産木材への親しみを深めること、県産木材を利用することが県内の森林を守ることにつながることを理解してもらいたい、これらを目的に2010年埼玉県のいわゆ

る木育推進活動がはじめられた。

　天然林は大滝村の中津川県有林に広く分布している。また飯能市、越生町、日高市などの周辺には人工林のスギやヒノキなど優良な木材の産地がある。西川林業地の名で知られるこの一帯では、江戸時代、山から切り出した木材をいかだに組み、荒川の支流である入間川、高麗川に流し、江戸へ出荷していた。江戸かわは西の川から流されてくる木材なので、西川材と呼ばれるようになった。このような地域の産業の歴史の中でも木材と関係がある場所である。

　さて、木育とは何か。木育は2004年9月発足の北海道、道民による木育推進プロジェクトチームにおいて検討された言葉である。国民運動としての登場は2006年9月に閣議決定された森林・林業基本計画「市民や児童の木材に対する親しみや木の文化への理解を深めるため、多様な関係者が連携・協力しながら材料としての木材のよさやその利用の意義を学ぶ木育というべき木材利用に関する教育活動を推進する」である。北海道のほか、島根県、埼玉県など積極的に推進をしてきており、現在は全国に大きく広がってきた。

　ただ、木育の定義や理念はそれぞれの自治体や関係機関によってとらえ方に若干の違いがみられる。また保育現場や子育ての場に木育が導入される試みもされているが、保育者が抱く木材の素材としてのすばらしさや人間が五感で感じることのできる木材のよさは、木材を扱う事業者と木育のよさについての考えが共通する点もあるが異なる部分もある。したがってノウハウなど木育のすすめかただけでなく、木育について、木材をあつかう事業者と保育者の間で共通理解ももっと必要である。子どもから大人まで生涯にわたる活動であり、対象年齢によってもその内容や方法が異なるとされる。

　地域に身近な木材を理解するということは、木材の維持管理の必要性を含めて関心をもつということが必要で、そのことをなくしては、地域の木材を維持していくことはできない。

　将来世代の子どもたちに、環境として残していくためにという発想は、木育をとおしても考えることができる。子どもの頃から慣れ親しんでいくということが重要であり、同時にそれを大人の世代も、またさまざまな分野の人間で共有し、すすめていく、まさにESDとしての取り組みの重要性からである。

(2) 地域の産業と保育

　次に地域の産業と保育のかかわりについて論じる。保育の場で展開される1年間の活動はさまざまで、概観すると保育活動としての行事、日本古来の季節の行事、地域の伝統行事が多く取り入れられている。特に保育所では、在園している子どもの家族の中には地域の産業に保護者が従事している場合も多く、そのような場合にはおのずと子どもの遊びや子どもの言葉に、地域の産業の影響が見え隠れする。

ごっこ遊びに子どもの日常生活が反映されることは、よく指摘されることであり、家族の実情も、お店やさんごっこや、家族ごっこなど、子どもの遊びにすけてみえる。家族の中で聞いたのであろうと想像したくなるようなことばのやりとりや、ファーストフードやファミリーレストランの接客のお決まりのセリフをすらすらと発し、遊びの中で展開していく子どもたちにも出会う。夫婦げんかにも、子どもを叱る母親役にも出会う。

　最近では、ペットの犬、猫役になる子どももいる。お母さん役やお父さん役以外では、以前は、赤ちゃん役を志願して、赤ちゃんとして隅の方に寝ていたり、泣いていたりという場面にであったが、むしろ最近はペット役が必ずいる。ペットとして家族のように、家の中にいて、世話をされている場面である。まさに時代背景を映す鏡である。

　一方で、家族の仕事の様子が子どもに見えていないように思われる場合もある。見たものを再現して楽しむのであるから、見えていなければ、展開できない。

(3) 地域の人々の暮らしと子どもの生活

　子どもの生活は地域の人々の暮らしとともにある。

　子どもの遊び場として広場や遊園地などのように独立した場所でなくても、どんなところでも子どもは遊びの場を見つける。路地、建物の間、坂、公民館の屋根の下など、遊びの場を見つけては、子どもが遊ぶ。周囲からは目立たないところ、建物の裏や下、そして間など、大人の目からはずれるような場所を求めるのは自然な行為である。仲間、時間、空間の三間がなくなったと言われて久しいが、最近では、仲間と空間をともにしていても、一緒に遊んでいるというよりも一緒にいるだけ、互いに一言も話さずに、スマホの画面を見ているだけ、という姿もよく目にする。

　地域の人々の暮らしの中に、子どもは遊びの場を求めて入り込んで、その中で仲間と時間をともにしてきた。その中で、いさかいやルール違反をすると、大人から注意され、その中で、さまざまなことを学んできた。地域の人々の暮らしに子どもの生活、遊びの場が入り込み、その中で子どもは成長してきた。いけないことがあれば、注意され、諭され、親以外の大人に自然に声をかけられてきた。

　互いが無関心にふるまうことで、平穏を維持しているような昨今では、そのようなやりとりや場面は少ないだろうか。

第3節　地域で子どもが育つこと

(1) 地域に守られ地域への愛着を育てる

　大人も子どもも無関心をふるまうことで、平穏を保つ中では、地域への愛着はなかなか感じることはできない。地域への愛着はどのようにして育つか。地域を構成するものは人であり、モノである。さまざまな環境要素もふくめ、多くのモノで構成されている。そのモノが地域となるのではなく、そこでおりなされる人々との交流、働きかけ、支えがあって、地域となる。子どもは子どもだけで生活はできない。多くの大人の支え、物的支えとともに、精神的な支えがあって、生活が可能になる。モノや人を介して使い、そこでの変化に喜び、次への意欲につなげ、新たな活動を経験していく。

　その中で、地域の中で多くの経験を重ねていき、その過程で、地域を感じる、というより地域を感じざるを得ない状況にもなるということである。地域に守られ、地域の中で多くの経験をし、そのたびに地域を感じ、意識しながら、地域を好きになっていく、愛着を育てていくということではないか。子どもが地域で育つ過程は、地域のモノを人と介して活動する中で、地域を感じ、地域への愛着を育てるということではないだろうか。

(2) 地域への愛着と自分の存在感

　小学生を対象にした質問紙調査で、地域に居場所をもっていると感じている、いわば地域への愛着を持っている子どもは、自分を幸せだと実感し、自信をもっていた。まさに地域への愛着は自分の存在を強く意識することに関係しているといえるだろう。地域で居場所をもち、愛着を形成することで、アイデンティティの源にもなっているのであろう。

　また、古き時代からのお祭りが連綿と続いている地域では、お祭りを核に、人々が見えない糸でつながっている。もちろん古き時代の慣習、お祭りが失われている地区であっても、地域の歴史を少なからず感じる機会であり、また普段は会う機会のない人たちに出会い、楽しい時間を共有し、地域と自分の関係を再認識する。

　昨今、居住地域への帰属感は以前に比べると強くないという。個人情報の保護という理由もあり、周囲に自分のこれまでの歩みをすべてさらけ出してからつきあう、という人はまずいない。誕生してから死ぬまで同じ場所でずっと過ごす人も少ない。とはいえ、自分が住まう地域を意識して生活することは、安心できることであるし、楽しい作業であるはずだ。

　地域の清掃活動、盆踊り、夜回り、防災訓練と現在でもさまざまな地域で、地区単位の

活動が続けられている。継続するのは、次につなげるため、これまでの活動を次につなげていくためだ。それは地域での参加の機会であり、役割を意識できる機会でもあり、自分の存在を意識できる。地域の活動は、多くのメンバーとともに活動するものであり、コミュニケーションも重要になる。

(3)「いる」から「在る」へ

　子どもの成長は著しい。保育者にとって人間にとっての最も変化の大きな成長期の子どもに関わり、ともに過ごすことができるのはうれしい瞬間であり、喜びは大きい。

　子どもたちの抱える家族の事情、家族を支える社会の実情は大きく変化している。子どもにとってよいことばかりではない。モノは便利になり、物的環境は著しく発達したが、人間のおかれた環境は厳しい。

　子どもは人間をとおしてモノにであい、モノを扱い、モノで遊ぶ。決してぼーっとしたままではおらず、じっとしていない。何か面白いものはないか、さがす。

　どんなものでもモノにし、遊ぶ。積極的にかかわるわけで、その中で、面白さをさがし、見出す。つまり、場にいても、ただいるだけではなく、必ずやそれに関わり、工夫し、より高い精度で扱い、面白さを見出す。そのような中に面白さ、醍醐味、喜びを感じ、積極的に追い求める中で、自分自身の力を実感し、喜びに変えていく。自分自身の力を実感するのは、自分自身の存在を意識することである。単純に「いる」だけではなく、「在る」ことへの成長を追求しているのである。

第4節　子どもが学ぶESDと保育

(1) **保育現場での取り組みとESD**

　保育のさまざまな場面でみることができる年長児からの年少児への役割の伝達と継承。次の世代に伝達していく技。遊びのヒミツ、泥だんごのヒミツ。園庭のこっちの泥がいい、この砂を使うなど、子ども間で密かに知られていること、知っている子どもが知らない子どもに伝承していくこと、子どもの世界には大人には知られていない伝承事項がある。

　下の世代は楽しみとあこがれをもって、上級生になることを待っているわくわく感。大きくなったら、年長組になったら、できないことができるように変化できる、自分の成長への楽しみ、自分自身への期待感がある。小さな、小さなミニ社会での次の世代へのバトンタッチ、次の世代への持続の取り組み、継承でもある。

　伝達された者は、自分が次の支え手であることの自覚をする。当番活動や、行事の担い

小さな伝達と継承〈年長さんから年少さんへ〉
僕たち、私たちウサギ当番を託したよ。
写真提供：さいたま市幼児教育センター付属幼稚園

手。年長児から役割交代をされるまでは、じっと見て、期待をふくませて待っている。成長への期待を心まちにしているのは、家族ばかりではない。子どもたち自身。それまでの過程では、見ることで、学ぶ。また、年長児が教えてくれる言葉、姿を大事にして、待つ。

　ウサギの当番活動で知られる生き物の係。えさやり、ウサギ小屋の掃除、など、自分に役割がまわってくることはどこの園でも子どもたちが楽しみにしている。卒園を間近に控え、説明とサポートをしながら役割を託す。君たちに任せるよというのは年長者から年少者への最大限の贈り物である。

　託された子どもたちは、緊張感と喜びとを抱えて、次の1年間にむけて走り始める。それは、また将来へバトンをつなぐ担い手としての役割を与えられたということだ。多くの経験をしながら担い手として自信を得ていく。保育の場にも、異年齢間で、このようなドラマがたくさん展開されていく。

(2) **保育現場で子どもがESDを学ぶということ**

　子どもは将来社会の支え手である。その子どもたちにとっての最初の社会が保育の場である。そこでESDを学ぶことは、将来につながることを意識して生活すること、それを実感することである。ESDを学ぶというのは、将来まで持続可能であることを予測しながら、現在の行動を行うことである。多くの子どもは、目の前の行為で精いっぱいであり、先のことをよく考えて行動することはなかなかできない。

　ただ、その対応について、子どもの生活レベルに読み替えれば、乗り越えられる。次の当番のこと、次の日のこと、次の年のことなど、将来のことを考えてていねいにとか、次の人にもわかるようにとか、自分のことだけでなく、目の前の人だけでなく、他の友だち、他のクラスメンバー、他の子どもたちのことを考えて、今の自分の行為を決めるというこ

とは、十分持続可能な社会を意識した教育であり、学びである。

(3) 子どもが学校の授業で保育を学ぶこと

　学校の授業で保育を学ぶ時間があることはあまり知られていない。中学生や高校生が家庭科で子どもの発達と保育について学び、その中で地域の保育所や幼稚園、子育て支援センターで体験的に学び、子育て中の親子に出会い、親にインタヴューするなどの機会がある。家庭科で扱う「発達と保育」は、男女がともに乳幼児の育ちを具体的に学ぶ内容となっていて、以前とはずいぶん様相が異なっている。中学校では、幼児を中心に子どもの成長と遊びを学ぶことが中心だが、高校では、誕生後の成長を社会で支えていくことや男女ともに子どもにかかわることを経験することで、自分の成長についても振り返ることができる。実際に、家庭科・保育の授業の中で、保育触れ合い体験をとおして学ぶことで、多くの中学生が近隣地域の保育を知る機会、また高校生が地域の親子を知る機会になっている。将来、保育者になりたいというきっかけにもなっているという。

　子どもにとっても、プラスの影響が報告されている。きょうだいが少ないなど、自宅で年齢の異なるきょうだいがおらず、一緒に遊んだ経験がない、近隣での外遊びの機会が減り、異なる年齢の子ども同士であそぶことが少ないなど、特に少し離れた年齢の中・高校生のお兄さんやお姉さんと遊ぶことは、子どもたちも保護者も喜ぶときく。

　学校で保育を学ぶ機会は、学ぶ者の年齢によって、仲間に出会う、年下の者と遊ぶ、自分を振り返るなど、さまざまな要素をもっていて、児童、生徒に与える効果は大きい。

参考文献
- 浅田茂裕、前原友希、菊池唯、小田倉泉、吉川はる奈「未使用資源を活用した幼児教育用木製品の開発」埼玉大学紀要教育学部61 (1)、1-9、2012年
- 吉川はる奈、鈴木宏子他「ファミリー・サポート・事業の現状と課題―提供会員の養成方法と依頼会員のニーズの特徴からの検討」小児保健研究71 (6)、875-882、2012年
- 渡辺麻子、吉川はる奈、浅田茂裕「地域における木育活動―木とのふれあいまつりが子育て家庭に与える支援効果と課題」児童学研究38、10-16、2013年
- 吉川はる奈、渡辺麻子、浅田茂裕「木育における地域の子育て支援活動としての可能性」日本家政学会大会論文集111、2014年
- 吉川はる奈「地域での子育て支援」日本家政学会編『児童学事典』272-277、2016年、丸善出版
- 吉川はる奈、尾崎啓子、細渕富夫「フィンランドにおける子どもの育ちを支える教育事情」埼玉大学紀要教育学部64 (2)、135-144、2015年
- 吉川はる奈、尾崎啓子「フィンランド・ネウボラにみる子どもと家族を支えるしくみの検討」埼玉大学教育実践総合センター紀要15、129-134、2016年
- 吉川はる奈「妊娠期から切れ目のない支援を模索する日本の子育て支援の現在」日本家政学会誌68 (12)、56-61、2017年

第5章

「自然」と保育のかかわりとESD

片山 知子

　乳幼児期のESDを考えるにあたって、乳幼児の子どもと環境とのかかわりが注目されている。ここでは、その中の自然環境に焦点をあてて考えてみようと思う。保育の歴史を辿ると、その時代時代の人々の暮らしに多かれ少なかれ影響を受け、社会状況、人々の考え方などが反映されていることがわかる。今日の日本の保育は西欧諸国と足並みを揃えようと近代化に大きく転換が図られた明治期にその端緒がある。ドイツのフレーベルの保育思想による幼児教育を模倣して始まり、西洋の事物であるのにもかかわらず、当時の女子学生が学び得て、模倣できたことに驚きと関心を持つ。全てに何らかの条件が満たされ、時機を得た行動力と決断の結果が備えられたからなのだろう。それにしてもなぜ日本の女子学生は幼稚園という保育の学びを得ることができたのだろうか。豊田扶雄など、松野クララから保育を学びとることのできた人物の素養が高く、優れていたことに驚かされる。

　しかし、それだけでは特別の人による特別のことで完結してしまう。それが今日まで子どもの視点を尊重し、子どもの主体的なかかわりが子ども自身の育ちを促すことを願う保育として理解され、発展しながら継続されている背景には何があるのだろうか。

　この要因のひとつに、自然環境とかかわりを持つ人々の暮らしが保育の基盤、土台、背景、基底部にあるからではないだろうか。自然は人間の力の及ばない存在として常にある。人間を取り巻く環境として自然がもたらす環境に人々はさまざまな向き合い方をしてきた。経済活動を含めて、四季の変化の豊かさを持つ暮らしは日本の特徴である。子どもの生活は大人の暮らしの中にあり、自然環境が保育にもたらす影響は少なくない。そこで、この章ではESDにおける自然という側面から考えていこうと思う。

第1節　「自然」に向き合う保育

(1) 保育と自然

中沢和子によると「子どもはまず自然現象とのかかわり合いの中で成長をはじめるといえる」[1]として「人間も、人間が作ったものも含めて、一義的に自然法則に従う立場からみるものを自然として取り扱う。子どもは、このような自然とのかかわり合いの中から、自然を感じ、その法則性を理解し始めるのである」[2]さらに「子どもが自然に対して感じる驚きや喜びは、自然に対して関心を持つきっかけとなるもので、特に小さい子どもにとっては絶対に必要な条件である」[3]と述べ、子どもと自然のかかわりの重要性を指摘している。

保育では子どもが自然事象に興味を持つことから活動の展開につながることがあり、子どもの持つ興味に保育者も気付き援助することが保育を豊かに支える環境となる。

『かわ』という絵本がある。ここに描写された景色は、今では年代を経て懐かしい風景となってしまった。しかし、環境、暮らしがそれぞれ特徴的に違う地域を通して、川という自然環境で地域が繋がり、上流から下流に向けて緩やかに変化していく様子を社会および経済活動の変化を含めて表現している。この絵本は、日本の自然環境の中で ESD という考え方への気付きを得させられ、子どもが見て楽しむことのできる一冊である。

(2) 保育思想の中に見る自然

フレーベルの保育思想には子どもの成長をキリスト教的な世界観により、自然事象を通して示されている部分がある。フレーベルは青年初期に森林管理作業の経験があり自然環境への関心を持っていた。「人の教育」の中で、子どもの成長を植物に例え、教材には蝶、岩石、光、植物栽培などを用いることを勧めてもいる。

倉橋惣三は『園丁雑感』の中で自然と子ども、保育における自然の重要性を語っている。「自然との一致」という小文において、保育者に対して「教育者が子供と一致し得るためには自然と一致し得る人でなければならぬと。」[4]と、子どもの感情がさまざまな自然物によって生き生きと動くことを述べている。

また、津守真にも『幼児の保育』のあとがきに記された印象深い言葉がある。「原始的に生きる子ども、子どもは原始的に生きねばならない」[5]この「原始的」という言葉で表された文を通して、いつの時代であっても、子どもが生きることについて、子どもが子どもらしく生きることを、保育者は原点に立ち戻り保障していくべきであるとの思いを呼び起される。

2017年3月に告示された改訂幼稚園教育要領および幼保連携型認定こども園教育・保育要領でも、それぞれ基本事項に「環境を通して行うものであることを基本」[6][7]としていることが示され、環境への配慮や指導の工夫を求めている。また、同じく改定保育所保育指針では「保育所における環境を通して、養護及び教育を一体的に行うことを特性としている」とし、さらに保育の環境への留意が具体的に示された。そして「保育所では計画的に環境を構成し、工夫して保育しなければならない」[8]と明記された。

　いずれも、子どもが人やものと自らかかわることの重要性を示し、子どもの主体的な活動を確保できるよう環境を構成することを求めている。そして実際に、子どもたちが環境の中で、その要素のひとつである自然の事象とかかわる姿は保育の中で多く見ることができる。

第2節　日本の保育環境での「自然」

(1) 人々の心象風景と芸術の中の自然

　ある興味深い文章を紹介したい。法政大学総長・田中優子氏の「毎日新聞」に掲載されたコラムである。その一部を引用させていただく。

　「赤坂のサントリー美術館でエミール・ガレ展を見た。ガレのガラス作品に植物や昆虫が使われていることは知られているが、これほど実物に近く正確に描写されているとは驚いた。ガレの自宅には2000種以上の植物が栽培されており、植物学者でもあった。生物全体についても、自然科学雑誌の愛好者で、ヘッケルの『自然の芸術形態』は愛読書だった。芸術が正確な自然界の形態と合体して、あたかも博物学の媒体であるかのような様子をしているのは、江戸時代と共通している。着物に刺繍され描かれる花や木や鳥には、驚くほど正確な描写がある。浮世絵師の喜多川歌麿の実質的なデビュー作は狂歌絵本『画本虫撰（えほんむしえらみ）』だが、これは博物図譜と言ってもよいほど微細に描かれており、その技術が後の人物画に生かされた。根付けやたばこ入れやたばこ盆やくしやかんざしなど、日常生活のさまざまなものに自然界が乗り移っている。私はこれをIoT（インターネット・オブ・シングス）に倣って、NoT（ネーチャー・オブ・シングス）とでも呼びたい。IoTが、ものにインターネットが入り込むことで、もの相互を結びつけるように、NoTも、トンボやぶどうや木立や動物などの自然が、ガレと歌麿と着物と根付けの背後に広がり、膨大な博物学的な知性として日常をかたち作っていた。（略）私はインターネットが大好きで、なかばオタクだが、同時にNoTの威力も信じている。そして現代がそれを失ったことで、日常の知的世界が大事なものを欠いてしまった、と思っている。ものを通して自

然界に好奇心が湧く社会が欲しい」[9]

　このことを保育の立場で考えてみよう。現代が失ったと指摘されるNoTであるが、子どもの生活の中に垣間見られる自然とのかかわりには彼らなりのNoTがあるように思う。そうであるからこそ、保育者は意識して子どもと自然を結びつける保育を大切にすべきではないだろうか。芸術家のような自己表現のための強烈な好奇心や探求心には及ばなくても、子どもの表現も芸術への可能を秘めている。子どもにとって日常生活で自然が果たす役割は重要である。

(2) 自然とかかわる各地の保育実践、地域の環境を生かす保育

①兵庫県西脇市・西脇幼稚園

　清酒用の銘柄米である山田錦の水田が広がり、播州織の地域産業で発展してきた歴史がある。大正11（1922）年創立。長い歴史を持ち、昭和31（1956）年に移転先で新園舎落成。恵まれた広大な起伏のある林地環境を活かした園地は、その地域での最高の保育が期待され提供されたという。その地域の期待に応え、保育実践と研究に取り組む保育はすぐれた保育実践者を輩出してきた。倉橋惣三へも助言を求めたと伝えられている。小高い丘のような山林が園用地に提供され、多様な樹木と草花が常に子どもの身近にある。さら

に子どもが自由に行き来のできる園庭としての森は適度な傾斜地部分に広がり、子どもが思い思いに遊びを発展させることのできる素材に満ちている。自然素材を身近に用いることが出来る環境を作り出している。近隣の住民からの農作物の提供（大豆の収穫後の株枝）などもあり、自然の恵みを活用した保育活動が年間通して行われている。木の実や枝、草葉など自然素材を生かして美しく装飾された園舎内外の雰囲気が優しく印象的である。それは子どもの製作物にも良く表現され、探求心の感じられる、伸びやかで楽しい環境構成を見ることができた。ここで育つ子どもの幸せな時間をうらやましいと思い見学してきたが、残念ながら少子化と市財政状況の悪化、市町村合併、公共的施設の適正配置などに基づき2016年に閉園。保育の質が問われている今日、そのモデルといえる保育実践がありながら抗えない理由での閉園は誠に残念である。現存しない園となったが記録に留めることとする。

②兵庫県神戸市・長尾幼稚園

　広々した園庭のほかに、園舎背後に自然が残された裏山を持つ。そこを利用した雑木林の中での子どもの遊びは豊かな発想が存分に発揮されている。物語作りから発展した、ごっこ遊びや色彩豊かな製作物のダイナミックな表現は、子どもたちの協同的で魅力のある保育活動となり、それを保育者の質の高い実践力が支えて生き生きと展開されている。環境を最大限に使う保育の実践は園舎内での作品の掲示の仕方、色鮮やかな季節の草花の飾られたコーナーにも保育者の細やかな配慮も併せ持つ。各保育室内では保育者の工夫や保育環境への配慮が随所に見られ、子どもの遊びを支えている。木の実や子どもが集めてきた"宝物"などの展示は子どもの視点を大切にしながら、保育者の行き届いた学びに繋がる工夫が居心地のよい保育室の風景を作りだしている。

③長野県上田市・梅花幼稚園

　上田市は古くから養蚕が盛んな土地で名産品には絹織物の上田紬がある。地域から幼稚

園教育への要望が出てきたことも時機となり、梅花幼稚園は明治33（1900）年にカナダ人女性宣教師によって開設された。開設当初は茅葺の民家を借りて保育を開始しているが、2年後の明治35（1902）年に土地を購入し、現園舎が建てられた。保育者養成の教育にも用いられた隣接する宣教師館は市の文化財保護となり、市内歴史公園へ移築され保存されている。現在、保育の歴史は117年となり、築115年となる木造平屋瓦葺大屋根の園舎を今も使用している。当時から床を板貼りにして、天井の高い、天井からの幅のある下り壁や、大きなガラス窓を多く配した採光と風通しの良い工夫が各所になされている。当時の主流であったフレーベル主義の保育がなされて、中央のホールは宣教師たちがサークル（会集）と言い、子どもが全員一つの輪になって集まることのできるスペースであった。そのホールの大きな部屋の左右に2部屋続きの保育室が向かい合うように配置され、それぞれを板戸で仕切ることも開放することもできるようになっている。園庭にはホールから出入りできる大きな開口部と腰高のガラス窓が設置されている。トイレは別棟で設計上の配置は建設当初の構造のままである。基本的にはビクトリア様式に似せた西洋風建築で、建築当初の外壁は下見板張りであった。外壁は何回かの補修によって現在は樹脂塗装での寒冷地仕様の処理がなされている。姉妹園の常田幼稚園（現在は常田保育園）についてはヴォーリズによる設計である記録が残されているが、梅花幼稚園についてはそれより早くに建築され、ヴォーリズの設計の特徴も一部見られるが、記録がないため設計者不明となっている。建物の基礎には宮大工の手法が用いられ、基礎石の上に柱を立てるという耐震性にも優れた設計である。大屋根と広い空間を支える構造には当時最新の建築技術であるラーメン構造と呼ばれる技法が用いられた。

　梅花幼稚園の保育は当初からフレーベル主義であったが、単に恩物を扱わせることだけに偏重せず、その意義がキリスト教精神を大切にしたものであることを踏まえて保育が行われた。さらに園長として責任を持つ女性宣教師たちは当時の北米における幼児教育の最先端の情報を得ることができ、随時進歩主義の保育の工夫も取り入れられていた。保育を記録した写真を見ると恩物から発展したヒルの積み木も導入され、オルガンを園庭中央に運び出して行うリズム活動、園外での観察活動等、子どもの経験の幅が豊かなものになる工夫がみられる。その後の第二次世界大戦下には宣教師たちの本国帰還政策により日本人園長就任へと体制が変化していく。上田市でもわずかであるが空襲被害を受け、国家総動員の軍事統制下、困難な時代があった。しかしそのような状況であっても園舎は維持されて戦後、引き続き幼稚園として継続して用いられ、今日に至っている。

　創立以来の園舎において、草創期のフレーベル主義の保育から60余年の変遷を経た約50年前の1970年代には園内外での研修を重ね、遊びを中心にした保育を開始する。

　現在の保育は異年齢児が一緒に過ごす時を中心に、必要に応じて年齢別の活動も行う。

活動内容により園舎内を区切って使うこともある。遊びを大事にする保育を保育方針として掲げ、子どもの自発的な活動を大切にした保育がおこなわれている。「いっぱい遊んでいっぱい考える」の標語のもと、子どもたちの姿には一人ひとりの個性を持った子どもらしさが感じられる。家庭が用意したお弁当も一人ひとりに十分な分量で、嬉しそうに食べている姿は印象的である。

　よく遊び、よく食べるという当たり前の子どもの生活が素朴になされているのは、遊具の使い方に特徴を見せる保育のあり方からも現れている。登園後の子どもは思い思いに150個ある大型積み木をたっぷりつかって遊ぶことができる。遊び込んでくると、積み木の扱いや積み重ねたところを上り下りすることも安定し、絶妙のバランス感覚を身に付け、年長児になると天井近くまで積み上げて遊ぶこともできる子どもたちである。そこにはこの遊びを許容できる保育者の度量がある。自発的な遊びの場面では異年齢児の交流が自然に行われる。年齢別の活動もあり、みんなで一緒に行う製作や音楽リズム、絵本の読み聞かせ等も行われる。園舎の古さを感じさせない手入れの行き届いた保育環境には保育者の愛情を感じる。保育者の働きでは子どもを信頼し、子どもの思いを受けとめ、待つことも大切にしている姿がある。さらに保育者は、子ども自身が興味と関心を持って様々な経験、活動をできるための準備、環境構成を試行錯誤しながら整える努力をしている。自立した個

性豊かな子ども、遊びをつくり出せる子ども、そして今を生きている子どもの伸びやかな成長を願い援助している。保育者の入れ替わりも経験しながら育ちあう保育者たちがいる。

　地域の特産品の絹織物は時代の趨勢で地域経済の中心から遠ざかるが、リンゴやブドウ、モモなどの果樹、稲作、花卉栽培、豊かな水量の千曲川を中心に川魚生産販売等と観光資源の活用という環境を活かした保育も特徴である。毎年子どもが卒園記念で製作活動としてきた「リンゴの入れ物」。かつて園児だった保育者も今も大切に持っている。この製作の発想こそ地域の自然環境があればこそ出てきたものといえるだろう。リンゴ栽培が身近な土地でリンゴの木、リンゴの花、青から赤く色が変化していくリンゴの実、桑畑の名残の桑の垣根で色づく桑の実、それらが子どもの生活の日常の風景の中に当たり前にある。

　園名の由来である園庭に残る梅の木、その実を採って梅ジュースを作る活動は、近年の食育の取り組みが注目される以前から行われてきたことでもある。保護者の活動でも梅漬け作りが定番。他にも園庭で収穫できる筍や銀杏、地域にある農業研究所の協力で始めた米作り。園庭の小さな水田で毎年田植え、刈り取り、手仕事による脱穀までの体験をする子ども。最後は保育者の実家にある精米機にかけ、自分たちで握り飯にして味わう。年間を通した長期にわたる保育活動がある。

　地域には、その歴史や気候風土の影響を受けて創り出されてきた暮らし方がある。その中で子どもの生活を大切にして営まれる保育でありたい。そこれを保育者、保護者がともに再認識し、子どもの日常を大切にしていくことは、子どもの最善の利益が保障された保育の可能性につながる。そして将来の持続可能な社会に向けて子ども自身がかかわり、担うものとなっていくために、ESDをふまえた保育が期待されている。

(3) 自然環境の恵みと厳しさの生活の中での保育実践から

①鹿児島県鹿児島市・K幼稚園

　桜島の火山灰が混じる園庭の砂は簡単には砂だんごにならないサラサラの砂である。町

の中には降灰を克灰袋に集めて活用していこうという取り組みが日常の風景になっている。このような自然環境を活かした栽培活動もある。地域の特産品である大きな桜島大根が園庭の畑で育つ経験は、この土地ならではの楽しみである。克灰袋のある日常の逞しさが子どもたちの暮らしそのもののたくましさを育てている。

②沖縄県名護市・S保育園

　サトウキビ畑、パイナップル畑、サンゴの砂浜の青い海を身近に過ごすことのできる保育がある。隣の民家で飼われるヤギとの触れ合い、給食には海の香りが溢れるアオサ汁など　地域の特色と南国の気候の中での生活がある。南の気候と自然の美しさの中で子どもたちの毎日は平和で穏やかなものに見える。しかしながら対岸の小島では沖縄戦で攻撃を受けた悲惨な歴史が語り継がれている。本土復帰から45年、県内ではいまだ解決しない課題を抱える沖縄であることも忘れることができない。平和を最も願う子どもたちの日常は自然の豊かさを作り出す土や光の中だけにあるのではない。地域の現状を直視し共有すること、そこに暮らす人々に対する共感性がESDに重なる。

③沖縄県沖縄市・A幼稚園

　かつて使用を禁じられた時代もあった島言葉。使う人もわかる人も少なくなった今だからこそ子どもと楽しみながらの保育活動に島言葉の昔話や劇、民謡での踊り、伝統衣装を纏う経験を大切にした保育に取り組む。子どもの保護者の多くはすでになじみのない世代であるので、園児を通した重層的な世代間交流の機会にもなると評価されている。行政の支援を活用して地域の特色のある保育環境を整備している。琉球松の家具や琉球畳のコーナーなど保育環境でも地域の特産素材を大切にする姿勢を、保育者自身が楽しみながら子どもと共有している。米軍基地の存在という課題のある一方、多文化共生の地域特性が国際交流を活発にしている。

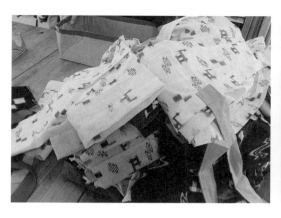
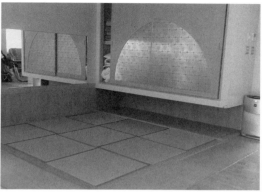

④愛媛県伊予郡・A幼稚園

　砥部焼の産地であることから給食食器に砥部焼を使う。地域の産業に子どもが親しむ機会を工夫した保育の一例である。このような例に類似して全国、他の地方でも木工が地場産業とされていれば給食用に生地や塗の皿や碗を使う例がみられる。

⑤広島県広島市・G幼稚園

　自然林を活用した森とビオトープのある園庭。保育者が子どもの姿や興味を示す様子に学びながら、保育環境として必要な要素を検討し、現在の環境になるよう年月をかけながら作り上げた。すでにある環境だけでなく、保育者の工夫で豊かな保育環境を作り出せる事例である。この試みは自然環境に乏しい園に対して発展の可能性を示すものとして参考にしたい。

⑥熊本県玉名市・T幼稚園

　昔は水上交通の拠点として米の搬送、人の移動ための街道、宿場として栄えた町。古墳時代から河川、外洋に向けた交流があり、時代ごとの史跡が残されている。有明海に面し

第5章　「自然」と保育のかかわりとESD　65

て豊かな漁場と、干潟干拓で豊かな農地が作られてきた。熊本地震では強度の揺れで園舎内の物品が激しく倒れ、室内に散乱。園舎への被害は少なく復旧後には、熊本市方面への被災者支援を行いながら保育を再開した。被災体験と被災者支援のいずれをも求められる可能性を今日の日本は持っている。子どもの安全を図り、命を守るために保育者は日頃からの確認と準備が必要である。

⑦熊本県熊本市・K保育園

　主産業としてのミカン栽培農家が多い地域。園もミカン畑に囲まれている。近くの畑では珍しい晩白柚という巨大な柑橘類も実り、子どもたちの見る景色はミカンの色と様々な緑に包まれている。ミカンの収穫期になると給食にも毎日ミカンがでる。園庭の砦のような木の遊具に子どもが遊びたくなる工夫があり、保育室前に張り出した広い縁側のようなデッキがくつろいだ雰囲気を作り出している。ここにも子どもの遊びを豊かに支える保育者が魅力的な保育環境を作り出している。

　2016年4月に発生した熊本地震では多くの保育施設が被災した。保育の継続が困難な施設もあり、やむなく保育を中止する例や避難所として場所を提供するなどして、保育環

境が確保されない期間が生じ、その間、子ども、保護者、保育者は困難な時を過ごしていた。そして被害の少なかった園が支援にあたるなど、地域間での連携が発揮されたことは特記すべきことである。

(4) 自然環境が失われた保育（放射線被害と向き合う）
①福島県南相馬市・Hこども園
　2011年3月に発生した東日本大震災に伴う原発事故では放射線の影響からの避難を余儀なくされた。遠くへ避難するか、頼るところを見つけて避難するなど混乱と不安の中でのそれぞれの選択が求められた。中には震災後の対応に当たるために遠方への避難をしない家族もいたのである。そこには子どもたちもいたのである。同じく遠方に避難せずにいた保育者は避難所近くに場所を探し、保護者と戻ってきた子どものために近隣の幼保3園での共同保育を開始したのである。徐々に地域の除染作業が進み、園舎に戻れるようになってからも毎日の保育室内外の拭き掃除による除染の努力は続いていた。
　子どもたちと毎年楽しみにしていたプランター栽培活動は再開までの道のりに4年を要した。保護者の不安に対応して安心な給食用材料の調達など、様々な努力も続いた。放射線量の日々の計測も5年経過後、線量も低くなった。安全が確保された園庭がついに再生した。子どもの活発な運動量を促すことのできる大きな岩が組まれた小川が作られ、ツリーハウスとトンネルのある築山などワクワクするような魅力的な遊びの環境を備えた園庭。園舎内外ではどこでも以前のような保育ができるようになった。
　一方、砂で遊ぶ経験が足りない子どもたちには、砂だんごの作り方が継承されておらず心痛める経験もした保育者であった。そして震災前には子どもたちが楽しみにして通っていた、豊かな自然環境を持つ山林では、現在もまだ除染対象にならず放射線量の高さが続き、立ち入ることはできない地区が残されているのである。

②福島県いわき市・S幼稚園
　内陸に位置していたため被災は少なく休園は余儀なくされたが、震災直後は沿岸地域の被災者支援にあたる。その後、園庭の砂の入れ替えや日々の除染、震災支援を受けてオーストラリアから輸入された白い砂と屋根付きの砂場、井戸のある小川と築山の設置等、屋外の園庭の整備とともに屋内活動の充実をはかった。その後は被災者、原発事故からの避難者等の家庭からの転入児の受け入れが続き、それぞれの事情に応じた細やかな対応が求められる状況は現在も変わらない。放射線量に敏感な保護者もおり、安全を確認していても園外保育への参加では保護者の理解を得るため、丁寧な努力を要した。市内全域で人口増加や自動車の増加にともなう渋滞なども課題になっている。

　2018年、震災から7年経ち、放射線の測定値は0ではなく、全国どこでも安全基準以下であるが同じような実数の計測値が出る。それが今の日本の現状である。放射線被害の影響と今後についてはこれからも正しく理解することが大切であり、被災地の人々との思いを共有していきたい。どのような状況にあっても、自分の生き方を自ら選択して生活する家族の存在があるならばそれを支え、寄り添う保育はESDであると考える。

第3節　海外での「自然」を活かした保育

(1)「森の幼稚園」の理念から学ぶこと
①デンマークの森の幼稚園
　森の幼稚園とよばれて紹介されてきた保育はデンマークにその始まりの歴史を持つ。1954年にエラ・フラタウによって創られた。それは同国内だけでなく北欧、ドイツへと広められ、今日もデンマークで森の幼稚園は子どもの保育の場として注目され続け、実践されている。
　デンマークの保育の制度はサービス法により保護者が希望すればどのような保育でも受けられるように統一され整備されてきた。実際の乳幼児保育は地方自治体によって行われ保護者の様々なニーズにあった多様なものとなっている。森の幼稚園はデンマーク国内の保育施設間の費用を比べると一般の保育施設より高く、保育料への利用者負担は1／3であるが自治体により些少の違いがある。乳児対象でのファミリーデイケア、幼児対象のデイケアという保育システムが紹介される場合、デンマーク語の『こどもの庭』という呼称が翻訳では保育園、幼稚園どちらにも使われている。また、デンマークの保育は早くからフレーベルの影響をうけつつ、それを独自の保育理念に発展させてきた経緯もあり幼稚園

との呼び名が大事にされているという背景がある。

② 「森の幼稚園クグレネ」の保育

　2010年8月にOMEPスウェーデン大会の参加にあわせてOMEP日本委員会の企画によるデンマークにおける森の幼稚園見学の機会を得た。森の幼稚園は森に隣接する住宅地の子どもたちのための施設であったり、森まで車で移動する施設など様々な例が見られる。

　そのひとつのクグレネ幼稚園は園児26人、保育者5人が子どもと共に一日森で過ごす保育を行っていた。保育の理念は「一人前の人間を育てること」という森の幼稚園で、森の木々の中で木の枝や自然物を相手に自分の遊びを作り出し、仲間と一緒に過ごすものである。

　コペンハーゲンの市内からバスで30分。緑が多い住宅地という印象の地区を通り過ぎ、園に到着。といっても園舎の見当たらない道路わきの駐車スペースにバスが駐車した。8月とはいえ天候はどんよりと曇り、気温も低い中、バスから降り立った一行を出迎えてくれたのが園の主任保育教師のラス・マッセン氏（ペタゴーグという保育専門職の有資格者）子どもたちを引率して森に行き、私たち訪問者をあらためて迎えにきてくれたのである。背中にはリュックという野外活動スタイルが軽快である。

　駐車場から少し歩くと森への一本道が現れた。その直ぐ脇に背丈ほどの植え込みで囲まれた小さな瓦屋根の小屋があり、この小屋が子どもたちの朝の集合場所だという。毎日8時になると、ここから子どもと保育者で森に出かけていき一日を過ごすのである。

　小屋の入り口には小さな木戸が付いており、保護者、子どもへの手書きのお知らせが貼ってあった。ちょうどそのころは蜂の活動期のようで、毎日の弁当は基本的には好きなものを持参するのだが「甘いものは蜂が来るので控えようね」と、蜂のイラスト入りの内容になっていた。

　クグレネとは松ぼっくりの意味で、ホームページには繊細な植物画で松ぼっくりのイラストが描いてある。そのホームページによると『森と音楽幼稚園のクグレネ』とあり、ここでの保育は毎日森へ行くこと、自然の中で子どもが育つことの意義や、音楽を大切にして取り入れている保育であることなどが記されている。運営は私立の会社組織で行われ、いくつかの基金を得て運営されている。管理小屋の借用、森の中で保育の拠点として利用している水も電気もないヒュッテ「ノルウェー式のログキャビン」は寄付によるものであることなどからも多様な支援があることがわかる。さらに、デンマークでは保護者も園の運営の委員会を組織し保育にかかわり、一日2回のおやつなど保護者が決めて準備することもその働きの1つである。集合場所である管理小屋の隣は馬が放牧されている牧場で子どもたちは毎日馬との触れ合いを楽しむことができる環境もある。

森の中の遊び場までは大人の足で10数分。道の左右は大きな樹木が立ち茂り、針葉樹だけの一帯では樹木がまっすぐ並ぶ。何列もの樹木の並びが続き、列の最も奥まった遠くにはトンネルの出口のような明るい所が小さく見えている。あの先には何があるのだろうか等、探検・冒険心を呼び覚まされる森の中であった。曲がり角に素朴な木の板の看板が立てられ、そこには手書きの黒い文字で「自然子どもの庭クグレネ」とだけ簡単に記されていた。

　ようやく辿り着いた森の中、小さな明るい草原の広場を中心としたエリアが出現すると、そこが子どもたちの遊びの場であった。子どもたちの声が聞こえて、カラフルな防水ジャケットとオーバーパンツ、長靴姿の子どもたちの姿が目に飛び込んでくる。自然林と隔てるために金網が境界線にそって周囲に張り巡らされ最小限の安全の対策は取られていた。クグレネの敷地には雨除けにもなる簡単な薪ストーブのある丸太小屋、野外のファイヤープレイス、屋根付きのファイヤープレイス、簡単なトイレ小屋と砂場に物置という簡素な施設があるだけの環境の中で子どもたちは自由に遊ぶ。

　起伏にとんだ地形を利用して木の枝から吊り下げたロープのブランコが設置されている。敷地内に池もあるのだが、危険は子ども自身がわかっているからという説明で、実際は簡単な目印程度があるだけで、安全柵などは無かった。一人前の人間となるために木の

枝を加工するためのナイフや、必要に応じてのこぎりの扱い方を遊びの中で覚えていく子どもたちである。保育者の見守りの中で黙々と木の枝を削る年齢の低い子どもの手元を見るとリンゴの皮むきを使っていた。他にも自然素材を用いて遊具までも自分たちで考え創り出し、様々な体験をすることに価値をおく保育の展開は興味深い。活動には思い思いに遊ぶことだけではなく、皆が一緒に集まって話を聞き合う体験や、歌やダンス、絵の具や製作などの経験も森に囲まれた戸外で行っている。森での保育は森の自然を大切にすること、森に棲むという妖精を描いた保育者手作りの絵本を用いて子どもに考えさせる活動も行っている。

おやつの時間になると、皆で果物を分け合って食べ、分配の手伝いをする子どももいる。昼には持参したお弁当を思い思いの場所で食べることも許されるという。

この森の幼稚園には、子ども自身で自己決定できること、自分の考えを主張できることを意識して、子どもに向き合う保育者の姿がある。それを印象付けたのが次の出来事であった。年長児になると皮むきではなく、個人用のナイフを持つことができ、使いたい時は保育者から受け取ることになっている。見学者がそのナイフを見せてもらえるかと保育者に尋ねると、保育者はまず持ち主の子どもに「見学者に見せても良いか」と尋ねて承諾をとったのである。「いいよ」との返事の後、見学者にナイフが手渡された。

豊かな自然環境の中に生活し、活動できることは素晴らしいことである。この森の幼稚園の保育は、それを単に良い体験ができることとして終わらせず、森が人を育てるという信念を保育者がはっきりと自覚を持ちながら保育にあたり、子どもたちにとっては環境とかかわりながら、大切なその環境を守っていくことにも気付かせている。この森の幼稚園の保育見学の学びを通して、ESDを意識した保育実践の一端を見ることができた。しかし、森が無ければ保育ができないわけではない。この森の幼稚園の保育と違う環境にあっても子どもの育ちを願う保育者が自然とのかかわりを意識したところにESDの保育の可能性はある。

引用文献
(1)中沢和子『幼児の科学教育』20、1972年、国土社
(2)同上、22
(3)同上、27
(4)倉橋惣三『幼稚園雑草（上）』2008年、フレーベル館
(5)幼児の教育69 (9)、72、1970年、フレーベル館
(6)文部科学省「改訂幼稚園教育要領」2017年告示
(7)内閣府・文部科学省・厚生労働省「改訂幼保連携型認定こども園教育・保育要領」2017年告示
(8)厚生労働省「改定保育所保育指針」2017年告示

⑼田中優子「自然について」2016年8月3日、毎日新聞コラム

参考文献
・加古里子『かわ』1962年、福音館書店
・中沢和子『改訂子どもと環境』2001年、萌文書林
・フレーベル『フレーベル全集第2巻　人の教育』1976年、玉川大学出版
・千葉忠夫『格差と貧困のないデンマーク』2011年、PHP出版
・山田敏『北欧福祉諸国の就学前保育』2007年、明治図書出版
・環境教育辞典編集委員会『環境教育事典』1995年、労働旬報社

※本章掲載の写真はすべて筆者の撮影によるものである。

「文化」という視点からとらえた保育とESD

冨田久枝

　保育という営みの中にあって「文化」は、当たり前のように保育内容に内包されているだけでなく、保育に対する哲学的な視点まで幅広く関連している。この章では、持続可能な社会を創るというESD (Education for Sustainable Development) の枠組みから、あらためて「文化」と「保育」との繋がりを捉えなおす（リフレイム）ことで、その重要性について考えたい。

第1節　文化の継承とESD

(1) ESDと文化との関連

　第1章で紹介したように、1992年にリオデジャネイロで開催された地球サミットでは、「誰もが永遠にたるように」という名言のもと「持続可能な開発：SD」が強調された。その「持続可能な開発」は、「環境保全」「経済開発」「社会開発」の3つの柱から進められるものとして規定された。

　3つの柱を具体的に捉えれば、「環境保全」は人間の生命の起源であり、その生命を維持するための資源の宝庫である環境を守ることであろう。「経済開発」はただ無謀に私利私欲を追求するのではなく、人々が生み出した利益がさらに人々の豊かな交流を生み出し、互いの利益が有用に活用され、循環するという経済の健全な活性化を指している。「社会開発」は人類が創る社会が赤ちゃんから大人まで豊かで楽しく安全な生活が保障されるよう、より良き社会の形成・発展を意味するものであろう。

　これらESDの根源的なあり方である3つの柱の根っこに位置づいているのが「文化」

ではないだろうか。つまり、ESDの基底にある概念が文化であるとも言えよう。「持続可能な開発：SD」、そして「持続可能な開発のための教育：ESD」は包括的な概念であるため、その価値の多様性の中には多くの文化的な背景も内包されている。このような多様な文化的な背景や価値、その文化の独自性を尊重しながら子どもたちの教育が推進されることが重要であろう。教育の根源である公平や平等への配慮も欠かせないと考える。

(2) 文化とは……

　それでは、ESDの基底にある概念の「文化」とは、いったいどのような内容や事象を指すものであろうか。実感として「文化とは……」と思い浮かべ、広い意味から「文化とは人間の生み出した価値」と捉えることができるだろう。

　実際にみなさんも「文化と聞かれて何をイメージしますか」という問いの答えを考えてみてほしい。絵画や彫刻のような美術作品や著名な作曲家の音楽作品、映画のような映像、世界遺産で扱われるような歴史や自然、日本文化と欧米文化など、「文化」という言葉がかかわる事象はこの世界にあるすべてのモノといっても良いほど幅広く、奥深いものという印象をもつ。笹口健は、著書『文化とは何か　知性の文化の発見』[1]の冒頭で、文化についての一般的な捉え方を「一般に『文化』という言葉から先ず頭に浮かぶのは音楽、美術、演劇等を中心とする芸術あるいは文芸であろう。しかし、文化と言う言葉は食文化、服飾文化、さらには霞が関の文化などという形にまで、非常に広い意味で日常使用されている」と紹介している。

　そのなかで、ESDという枠組みから文化を捉えるとき、どのような「文化」の側面を「持続可能な開発のための教育」として継承し創造するのか、子どもたちに伝えることが期待される文化的な側面とはどのようなものなのか、議論する必要があると考える。

(3) ロゴフを手掛かりに

　そこで、まず、子どもが育つという視点から文化を捉えるとすれば、「文化」という言葉を用いて人の発達を捉えたバーバラ・ロゴフについて触れることが必要だと考えた。

　ロゴフは、著書『文化的営みとしての発達——個人、世代、コミュニティ』[2]で、発達の側面として「個人」「世代」「コミュニティ」の3つを挙げて、その関係と文化的背景（子どもの育つ環境）から発達を捉えようとした。つまり、人間が育つ＝発達することについて、多様な文化コミュニティへの理解からこれまでの固定的な発達観を打破しようとしたのである。本項ではロゴフが捉えている文化と発達に関するセンテンスを、上記の著作からいくつか取り出して紹介しながら、文化と人の生活や育ちについて考えてみたい。

　ロゴフは冒頭で「人の発達は文化的な過程です。生物学的な種のひとつとして、ヒトは

文化に参加するという際立った特徴を持っています。私たちは文化的・生物学的に受け継いだ遺産によって、言葉や他のさまざまな文化的道具を使うよう、また互いに学び合うようにしてきています。言語やリテラシー（読み書き）といった手段を使うことより、私たちは個人的に経験していない出来事を集団として（共同で）記憶することができる（中略）つまり、何世代にもわたる他者の経験を、我がことのように感じ、味わうことができるのです」というように、ヒトと文化との関係について明解に述べている。まさに何世代も前の経験が味わえることの伝搬こそ教育的営みであり、従来から人間に備わっているESDなのではないだろうか。

また、ロゴフは文化的営みの特異性と独自性を強調し、全世界が同じ経験を共有することが重要なのではなく、多様な文化的な営みと発達があることを理解することの重要性も強調している。ロゴフは問いをいくつか立て、その意味について考えることを示唆している。

1番目の事例は「子どもたちが他者に対して責任を持つのに十分な知的発達レベルに達するのはいつ頃か。子どもはいつ頃、赤ちゃんの世話を安心して任せられるようになるのか」という問いである。その問いの後に、グアテマラの6歳の少女の写真を示し、オセアニアのカワラアエの人々の育児方法を紹介している。これによると、3歳児は庭仕事や家事をこなし、年下の妹や弟の子守り役を担い、子どもたちは人形で遊ぶ代わりに本物の赤ちゃんの世話をし、家族の畑で働く。そして、自分自身の畑の区画を持ち3、4歳になると市場で自分で育てた野菜を売り、家計に貢献をする。

2番目の事例は、「子どもはいつ頃鋭いナイフを安全に扱うのに必要な判断力と運動調整能力を備えるようになるか」という問いである。そこには、ニューギニアの赤ちゃんの写真が紹介されている。彼らは歩けるようになる頃までに、ナイフと火を安全に扱えるようになる。この自主性を育むトレーニングは乳児期から始まる。生後11か月のエフェ族の赤ちゃんが果物を切る様は有名である。

ロゴフの「問い」の意味がおわかりだと思う。固定的な発達観ではなくその地域の文化的な営みの中で発達は支えられ、固定的な発達観に縛られず、文化的な営みの必然性と発達の意味を重要と

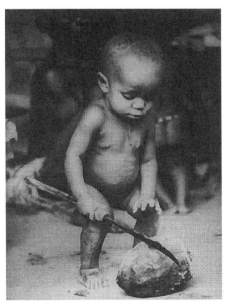

図6-1　親族が注意深く見守る中で、生後11か月のエフェ族の赤ちゃん

考えていることが理解できると思う。

第2節　教育的営み（ESD）と文化とのかかわり

(1) 教育と文化の関係

　ESDは「持続可能な開発のための教育」と訳されているが、実際、持続可能な開発を実現するためには、今起こっている問題に目を向けて、その問題に向き合って解決することができる人材を育てなければならない。つまり、目の前で起こる問題を解決するための基礎となる発想力や行動力を育てなければ「持続」は不可能である。そのような点からも「教育」の必要性と重要性に目が向けられるようになったと考えられる。

　この教育のめざすところは、何らかの新しい知識やスキルを獲得することにとどまらず、獲得した知識や技術を駆使してどのように将来に生かすことができるかといったイメージをもつような想像する力、発想する力を指している。つまり、持続可能な未来を創り出すために必要なライフスタイルと行動と価値観を学習すること。すなわち、未来を、斟酌を入れた生き方そのものを学ぶこととして捉えることができよう。

　以上のようなESDの視点から教育を捉えると、教育の在り方の再考が迫られるであろう。教育は「学習」の手段である。これまでの学習は大人が「教えること」で子どもたちの学習を保障してきた。しかし、ESDの求める発想力や行動力を育てようと考えるならば、子どもたちが個々に主体的に自ら学んでいくことが「教育」の姿となるのは当然である。

　冨田らは「ライフスタイルや生きるための価値観を学ぶ教育であるESDにおいて、なぜ幼児期が重要な時期であるのだろうか。それは、幼児期は生活の基本的態度や価値が形成される時期であるからに他ならない。また、幼児期の学習は必然的に保護者や家族も巻き込まれることとなり、大きい影響を与えることができる。したがって、保育者には、どのように保育・幼児教育が持続可能な社会の構築に貢献できるかについて自問することが求められていると言える」と、その重要性を示している[3]。

(2) 「子育て」と「文化」のかかわり

　これまで、文化の捉え方や、文化の意味する事柄について考えてきた。そこで見えてきたのが、実は私たちの身の回りのある生活のすべてが広義の「文化」との関連が大きいということである。

　例えば、箸を使って食事をすることも日本文化のひとつであろうし、食事全般を視野に入れると、日本では米飯を主食としている。最近では、米飯だけではなく、パンなど欧米

の食生活が融合して新しい日本の食文化を形成していることは周知のことである。

　また、明治維新以降、洋服が一般の人々の衣服として浸透し、結果、日常の衣服になっているが、かつての日本では、和服（着物）が一般的な日常の衣服であった。

　生活様式も日本文化の影響を強く受けている。畳の部屋は当然で、建物も以前は木造が中心で、靴を脱ぎ、家に上がるという生活も欧米とは異なっていた。しかし、近年に入り、洋間が建築様式の中に積極的にそれも安価で取り入れられ、最近の住宅は畳の部屋と洋間を併有している住宅が多い。

　自分たちで当たり前と思っている生活の1つひとつの在り方には「日本の文化」が大きく関わっており、その「日本の文化」も、その時代を生きる人々の力で伝えられながらも姿や形を少しずつ変えながら継承・創造されていることに気づかれたことと思う。

　では、どのようにして日本の特徴的な文化が生活の中から作られてきたのだろうか。そして、その様式（生活の仕方）は、どのように受け継がれてきたのだろうか。

(3) 日本文化の歴史的な背景

　日本文化の伝承を「日本の屋根の美」という古都の歴史から考えてみる。大森正夫は著書『京都の空間遺産——社寺に隠された野望のかたち、夢のあと』[(4)]において、日本建築と大陸の建築の違いを示し、日本文化の特徴を説明している。

　「大陸からの建築は大地からの積み上げ、できうる限りの力を尽くし天へと近づく、人間としての知力誇示であり、自然を征服する使者としての責務であろう。しかし、日本では、太古の昔より巨木を立てて、その柱を依り代に点を引き寄せてきたのである。日本は天の滴からできた国なのであり、こちらから天に向かわずとも天は降りてくるものである。それゆえに造らなければならないのは、引き寄せるために天に届ける垂直の存在と、招き入れるための呼びかけである。この世を安泰にさせ、皆に平安を与え御仏を祀る場所には、天から聖なるものを招かなければならない」。こうした説明の後に、空海の五重の塔内の空間に施した中心となる柱を、仏像では無く、柱（心柱）を大日如来に見立て置き、五重の搭そのものに大日如来を重ね合わせるという自然観・哲学を建築で表現するものだとして、「日本の搭は、積み上げていく重量感で、上昇していく軽やかさでもなく、心柱に向けての求心性を強く感じるのである」と、日本人の価値観と文化的視点を説明している。日本の寺社仏閣の屋根も同様で、空からの恵みを広く受け取るような広がりのある屋根が重要と考えられたとする。まさに、建築が表している自然観と哲学も日本人の価値意識の集大成であり、日本文化なのであろう。このように、自然と共に生きようとしたところに、日本文化発祥と継承の意味を感じ取ることができる。

第3節　文化的営みと保育

(1) 日本の文化を受け継ぎつなぐ保育とは

　これまで日本における「文化」を広く（マクロ的）捉えてきた。ここからは「保育」という小さな視点（ミクロ的）から保育と文化の関わりの様相を探っていきたい。
　文化とは、人間が自分たちの生活をより良くする、生きやすくするために、人間が営んだ環境への様々な取り組みが、次第に形づくられ、人々が共有していくものであろう。文化という言葉は本当に大きな概念であるが、実は身近な生活に根差したものである。紹介したように日本の屋根も、その生き方や価値観がいつの間にか形に現れ、それが受け継がれ、自分たちの文化として伝えられていくものなのである。
　保育が行われる場所は、ヒトが生まれ、育つ、最も初期に出会う場所であり、人が集うところである。また、保育が展開される場は、乳幼児が養育者（保護者）が必要としている一定の時間を、養育者から離れ、他者（保育者等）の手を借りて、生活の仕方を身に付けていく場所でもある。ここから、保育は文化伝達の役割を担っていると考えることもできる。
　日本語を用いてコミュニケーションを取り、これまで伝えられてきた食事（日本の特徴を持った食事）をとり、近年、日本で一般的に使われている衣服や靴を着用し、登園する。つまり、保育所における衣食住のすべてが日本人としての文化に基づいた生活であり、その文化を用いて生活をしている。その集団生活の中で、年齢相応の発達に必要な体験を積み重ね、個々の発達、集団としての発達が繰り広げられる。その発達の主たる内容が経験と学びであろう。個々の子どもが保育園や幼稚園等の環境（人的・物的）環境に出会い、保育者や仲間と再構築しながら、様々な学びを積み重ねている。まさに保育の現場ではESDそのものが展開されているといっても過言ではない。

(2) 文化を継承する道具・言葉（日本語）の重要性

　このような日本の文化が長い年月を経て伝えられ、また、私たちも伝えることができるのは、伝える道具、言葉があるからである。言葉は国によって、地域によって、豊富で多様な表現がある。一口に日本語といっても、地方に行けば方言があり、言葉は地域に根差した文化の象徴であるということもできるだろう。日本全国で重要な情報を共有するため、標準語という日本語の表現方法はあるが、各地方ではその地域独特の言葉が発展しており、日本文化そのものである言葉も多様性に満ちている。

伝える道具である言葉は、このように「文化の伝承と創造」の中で重要な役割を担っている。しかし、言葉は文化の伝承という役割にとどまらない。言葉そのものを豊かに楽しみながら伝えようとする営みがある。「ことばあそび」というものである。伝えるための道具を豊かに楽しく覚えたり、理解できるように工夫されたアプローチとも言えるであろう。
　はじめに、1973年に初版が発行された『ことばあそびうた』(谷川俊太郎：詩／瀬川康男：絵、福音館書店)[5]を取り上げ、言葉と文化との関わりについて考えていこうと思う。この本では、音韻を踏み、何度も言葉を繰り返す中に楽しみや可笑しさ、笑いを埋め込み、楽しく真似して遊ぶことを通して、「言葉」への親しみと学びへの意欲を育てようしている。
　ここで「ことばあそびうた」から2編を紹介しよう。

　　ののはな　　谷川俊太郎
　はなののののはな
　はなのななあに
　なずなななのはな
　なもないのばな

　　いるか　　谷川俊太郎
　いるか
　いるかいるか　　いるかいないか
　いないかいるか　　いないかいるか
　いないいないいるか　　いるいるいるか
　いつならいるか　　いっぱいいるか
　よるならいるか　　ねているいるか
　またきてみるか　　ゆめみているか

(3) 日本のことばあそびとその歴史

　「ことばあそび」は、日本固有のものではなく、使用される言語によって各国各様に発達し、その種類は多岐にわたっている。「ことばあそびうた」のように、文芸作品としての重要な要素になっていることも多い。
　仮名の無かった時代の「万葉集」には「戯書」と呼ばれる漢字表記が残っており、漢字本来の意味を離れてことばの音韻を楽しむといった遊びの要素が含まれている。平安時代に入ると「かな」が登場し、和歌のレトリックが発達し、単語に2つの意味を掛け合わせ

る「懸詞：かけことば」や、ことばの連想を重視する「枕詞：まくらことば」「縁語」など、ことばで遊ぶ方法が発達した。

例えば「いろは歌」は完成度が高く、今日まで伝えられている。「色はにほへど散りぬるを　我が世たれぞ常ならむ　有為の奥山今日越えて　浅き夢見じ　酔ひもせず」と口ずさむ中で仏教的な無情感を伝えているが、読み書きという学習にも活用されていた。鎌倉時代には、平安時代の伝統を受け継ぎ百人一首を暗号として使用していたという史実もある。その後、連歌、俳句、ことわざなど、日本独特のことば遊びは変化を遂げながら発達していった。

現代は「なぞなぞ」や繰り返しを楽しむ「回文」、音韻を踏む歌「ラップ」など、様々なことばあそびが子どもの生活を取りまいている。

(4) 子どもに伝える日本の伝統行事と保育

多くの保育現場では、季節の行事や地域の祭事を、子どもの生活環境との関連から保育内容として取り入れている。

「文化的な営みの中に子どもの発達がある」というロゴフの言葉を日本に置き換えてみよう。日本は島国という地域性から独特な文化様式をつくりあげてきた。地球上の位置から春夏秋冬という四季がはっきりとしている。その中で、祭事や地域の行事、稲作や漁業といった産業など、生活すべてが四季の移り変わりの影響を受けながら営まれてきた。この特徴的な生活文化、つまり、日本の人々がこれまで創り上げてきた伝統文化を伝えることは、日本の教育の基点とも考えられ、保育のなかでも重要性が意識されているのかもしれない。

一方、保育で日本の伝統文化を伝える理由として、国際化が進み、異文化を持った人々と共に生活をする場面も増え、「日本人として」「日本らしさとは」といったアイデンティティを大切にする必要が生じているという現代的な視点も考えられる。現代に入って、子どもたちに、日本の伝統的な行事や祭事を伝える必然性がいっそう増しているとも考えることができよう。その中で、日本の伝統的な行事や季節に応じた祭事は、ESDという視点とも強く結びつく教育内容として位置づけられてきたのかもしれない。

保育者用の手引書『子どもに伝えたい年中行事・記念日』[6]に依りながら、子どもたちに伝えていきたい行事や祭事について、事例を挙げながら考えていきたい。同書は、4月～翌年3月までの1年間の主な行事が、歴史や謂れにも触れながら紹介されている。例えば4月を見れば、「花まつり（灌仏会）」、「お花見」といった伝統的な行事に並んで「エイプリルフール」や「春の交通安全週間」など新しい社会生活に関することも紹介されており、保育者が子どもたちに伝えやすいように編集されている。伝統的な行事だけがESD

表6-1　子どもに伝える日本の伝統行事

4月	花まつり	（灌仏会）	お花見			
5月	八十八夜	端午の節句				
6月	衣替え	梅雨	田植え	夏越し	虫取り	
7月	七夕	お中元	土用			
8月	お盆					
9月	二百十日	（風祭り）	重陽の節句	秋祭り	秋分の日	
10月	亥の子（十日夜）		えびす講			
11月	お酉さま	七五三				
12月	成道会	お歳暮	冬至	クリスマス	年末行事	
1月	お正月	お正月遊び	仕事始め	七草がゆ	鏡開き	小正月	成人式
2月	節分	雪と氷の祭り	事始め	針供養	初午	涅槃会
3月	ひな祭り	二月堂お水取り	お彼岸	イースター（復活祭）		

と関連があると捉えるのか、新しく作られた社会的な行事も子どもの身の回りにあり、これから受け継がれることを考えればESDの枠組みから捉えることが可能とするのか。そこには議論が必要かもしれない。

(5) 伝承遊びと保育──遊びの歴史から遊びを観る

　日本における遊びはどのような歴史を辿って、現代に至っているのであろうか。ESDの保育における文化的な側面を捉えるには「子どもの遊び」がどのように子どもたちの世界に浸透して、文化の伝搬として、教育的な資源として創出され伝えられてきたかを見ていく必要がある。

　増川宏一は『日本遊戯史―古代から現代までの遊びと社会』[7]の中で、日本における「遊び」の歴史から、人の営みや楽しみとの関連を社会的な観点から捉え、紹介をしている。日本に娯楽・遊びとして伝わっている「囲碁」や「将棋」は、庶民の遊びとして現代でも多くの子どもから大人まで親しんでいるが、「囲碁」や「将棋」は貴族や武士の遊びでもあり、御前対局といった大きなイベントとしても定着していたようである。

　遊びの歴史は遡ると、それは人間誕生の歴史とほぼ同じように考えられるが、記録に残っているのは8世紀初め頃、大宝律令が施行された当時と紹介されている。現代でも伝えられている遊びは子どもの遊びだけではなく、大人の「遊び」である遊興や賭博といった形で受け継がれ、それらは現在、競技性が魅力になっている。子どもの自然発生的な遊び「石ならべ」「石飛ばし」などが精緻化され構造化されていったのが「囲碁」や「将棋」なのであろうか。いずれにせよ、「遊び」という文化は時代と地域とそこに集まる人々の中で受け継がれ、進化し、新しい遊びも誕生するというメカニズムがあることがわかる。どのような文化でも、時代と人と場所によって進化し、誕生を繰り返していくものなのか

もしれない。

　現代に伝えられている「伝承あそび」と呼ばれる遊びは、子どもたちが身近な自然に触れ、その自然の中にあるモノを使い、投げたり、並べたり、比べたり、蹴ったり、弾いたりという、様々なモノとの対話の中から生まれたものである。そして、モノと関わる中で組み合わせたり、動作を付加したりと、そこで遊ぶ子どもたちの手で創り出され、工夫されてきた。

　さらに、昔より伝えられている「伝承遊び」の多くは、母から娘へ、祖母から孫へと伝えられたもので、私も母から「かいぐりかいぐり」や「あんたがたどこさ」などの歌を伴う遊びを教えてもらい、楽しい時間を過ごしたことを覚えている。青野光子[8]は、「伝承遊びとは、子どもたちの遊び集団の中から自然発生的に生まれ、子ども社会のつながりの中で人から人への受け継がれてきた遊びである。伝承遊びは、その基本となる形態はあるが、地域により少しずつ遊び方が異なる。これは遊びながら子ども同士、あるいは年長者、大人が関わり伝えられる中でその地域にふさわしいもの、より楽しめるものと変化してきたものだからである」と述べ、その発生のメカニズムや地域性、可塑性について言及しているが、生活の中に埋め込まれた文化教育、ESDとして捉えることができよう。

　いかに日本の子どもたちに伝承された遊びが多様性に富んでいるかを感じていただくために、東京新聞サンデー版に掲載された「この指とまれ、伝承遊び」より、東京を含む関東圏、東海中部3県、北陸3県、長野の南信地域で調査されたベスト51を紹介しておこう。

表6-2　伝承遊びのいろいろ（中日新聞系列）

1	鉄ごま	2	ビー玉	3	おはじき
4	めんこ1	5	めんこ2	6	べーごま
7	リリアン	8	輪ゴム鉄砲	9	竹返し
10	竹馬	11	缶馬　三角馬	12	紙飛行機
13	しゃぼんだま	14	虫取り1	15	虫取り2
16	草花あそび	17	おりがみ	18	たたきごま
19	こままわし1	20	こままわし2	21	ヨーヨー
22	釘さし	23	影絵	24	子ども将棋
25	鉛筆野球	26	ボール遊び	27	竹とんぼ等
28	輪まわし	29	土手すべり	30	陣取り　Sけん
31	かくれんぼ缶けり	32	すもう	33	胴馬
34	正月遊び1	35	羽根つき	36	たこあげ
37	まいつき	38	おにごっこ等	39	なわとび
40	ごむとび	41	糸巻き戦車	42	ディアボロ
43	とんとん相撲	44	けん玉	45	竹けん玉
46	あやとり	47	じゃんけん	48	石けり
49	ままごと	50	ちゃんばらごっこ	51	お手玉

①隔世伝承遊び

　隔世伝承遊びと呼ばれる遊びは、ただ単に遊びを楽しむというものではなく、遊びを通して作法や礼儀を伝えることを目的として使用され、現代にも伝わっている遊びを指す。子育ての中で、昔から自然と生活の知恵や手先の器用さといった技術を身に付けていくために活用されたもので、ここでは主な5つを紹介する。

〈おてだま〉

　お手玉は隔世伝承遊びの代表格で、多くの女児たちの遊びであり技の競い合いが繰り広げられた遊びである。お手玉は、基本は4枚の布を繋ぎ合わせて縫い、中に保存食である小豆や大豆、米などを入れて作るが、まずこのお手玉を作るという作業が裁縫の見習いとなる。また、お手玉遊びのルールとして正座で技を競うことから正座の座り方も併せて身に付けていた。

〈おはじき〉

　おはじきは高さが2～3ミリのガラス細工で、色のまじりあいやガラスの透明な美しさが女児のこころを惹き、女児が好む遊びである。指先を器用に使用して遊ぶ点で器用さを養うことが期待されていた。

〈かるた〉

　かるたは読み札と絵札に分かれたカードゲームである。「いぬぼうかるた」では、小さな子どもの頃から、ことわざや教訓を自然と遊びながら暗記し、学んでいくことができるようになっている。

〈じゃんけん〉

　諸外国でも「じゃんけん」というそのままの日本語が使われるほど古典的な遊びで、物事を公平に決める際の争いが起こらない決定方法として用いられている。グー、チョキ、パーは、どれか1つが強いという仕組みではなく、どれも強さと弱さを持った仕組みで、どの手を使うかを考えることによる推測力や公平に物事を決めることの重要性なども併せて学んでいる。

〈おりがみ〉

　おりがみは日本独特の遊びで、これもまたそのまま諸外国で使用される言葉である。日本人の手先の器用さを表現するときに「おりがみ」が話題に使われることも多い。正方形という特徴ある形から、正確に三角、四角の基本形から折り方の工夫一つで見立てた形を表現する。子どもの頃から、おりがみを用いて様々な形を作ることで、遊びを楽しみながら手先の器用さを養っていた。

②外遊び、昔遊び

　外遊びや昔遊びの中にも、日本古来のものもあれば、海外から伝えられる中で発展して

いったものもある。数や種類は驚くほど多い。同じ鬼ごっこでも、地域によってルールも遊び方も異なっている。伝承遊びは子どもたちの生活の中から生まれ、子どもたちが表現しながら創り、伝承していったことが想像できる。

　先に紹介した表は、「おっちゃんの技物遊び」というコンセプトで集められたものであるために、女児の遊びが下位のランクに多かった。男女の差が比較的少ない鬼ごっこや集団遊びは、大人になってもその楽しさを思い出すことができるであろう。

　また、ランキングに無かった遊びには、「はないちもんめ」「あしたてんきになあれ」「おしくらまんじゅう」「ろくむし」「いろはにきんぺいとう」「大根抜き」「だるまさんがころんだ」などがあり、聞いただけで懐かしさが蘇ると思う。身近なモノや自然物が遊びのテーマになっていたり、どの遊びもルールが単純で小さな子どもでも参加が可能という共通点がある。

③わらべ歌遊び

　わらべ歌も、その他の伝承遊びと同様に、子どもたちの遊びや生活の中から生まれ、口伝えで伝わってきた。リズムやメロディーは子どもの話し言葉の延長でできており、日本民族が生まれながらに持っている音階でできている。

　童謡は大正時代以後、大人が子どもたちのために作ったものが多く、日本の音階は少なく、西洋の音階が使われている。泣いている子どもにわらべ歌と童謡を歌ってなだめると、不思議とわらべ歌の音や旋律に反応して泣き止むという経験を思い出す。乳幼児期の子どもたちには、日本人独特な音階から成り立つわらべ歌が合っているのかもしれない。

　親子でのわらべ歌遊びを通して、自然な触れ合いができ、心の交流も深まり、愛着が形成されていく。例えば「いっぽんばし　こーちょこちょ　たたいて　つねって　かいだん上って……」というように、遊びながら「つねる」「たたく」という動作をやりとりすることで、相手にどの程度のことをしたら本当に痛いのか？といった他者の感覚を推測しながら実体験が踏み重ねられるものでもある。わらべ歌は、歌と動作を通して相手を理解していくプロセスも内包しているのである。

　日本の児童文化とも呼べる様々な保育に関連した遊び、その遊びの背景にある日本の伝統的な文化様式や人々の生活様式、そこに流れる日本人としての哲学的な思想。それらを取り上げることで、受け継ぎ伝えられてきた保育に内包される『日本らしさ』について再考した。ここから日本におけるESDの姿を捉えようと試みたものである。

引用文献

　(1)笹口健『文化とは何か─知性の文化の発見』1997年、日本図書刊行会

⑵バーバラ・ロゴフ、當眞千賀子訳『文化的営みとしての発達——個人、世代、コミュニティ』2006年、新曜社
⑶冨田久枝・上垣内伸子・片山知子・吉川はる奈・田爪宏二・名須川知子・鈴木裕子・藤原照美・西脇二葉「地域で育つ・地域を創る『乳幼児教育におけるESD』—日本の保育における継承と創造を目指して」千葉大学教育学部研究紀要62、156、2014年
⑷大森正夫『京都の空間遺産——社寺に隠された野望のかたち、夢のあと』2009年、淡交社
⑸谷川俊太郎・瀬川康男『ことばあそびうた』1973年、福音館書店
⑹萌文書林編集部『子どもに伝えたい年中行事・記念日』1998年、萌文書林
⑺増川宏一『日本遊戯史—古代から現代までの遊びと社会』2012年、平凡社
⑻青野光子「伝承遊びに関する研究⑴〜保育に活かすお手玉遊びとして」新潟青陵大学短期大学部研究報告43、2013年

参考文献
・小川清美『子どもに伝えたい　伝承遊び—起源・魅力とその遊び方』2001年、萌文書林
・公益社団法人全国私立保育園連盟保育国際交流運営委員会『地球にやさしい保育のすすめ　ESD的発想が保育を変える』2014年、公益社団法人全国私立保育園連盟

第7章

ESDの視点から見直す日本の保育史

西脇二葉

　私たち「日本の保育におけるESDを研究する会；地域生活に根差した日本の保育の在り様」で検討したことは、①私たちが暮らしている地域生活をどのように保育に取り入れていくのか、②保育実践からみる我々の地域生活の再評価（見直し）、③地域生活者としての保育者自身の再評価（見直し）、の3つである。その目的は、持続可能な社会の発展の基礎となる保育（すなわち我々が提唱する地域生活に根差した保育）を、私たちの暮らしと地域との関係性、環境や文化を次世代へと継承するときに果たす保育の役割を見直す機会として活用しようと考えたからである。

　「見直す」というのは、そもそも近代教育の開始とともに創設された日本の幼稚園には、各地方自治の裁量によって地域に根差した方法をもって発展するしかなかった歴史があることをさしている。なぜなら、就学前教育機関であった幼稚園、保育所は、戦後の学校教育法、児童福祉法の制定をみるまでは、確固とした中央政府の統制の枠組みに組み込まれていなかった。だからこそ、地域と保育と文化の持続性・普遍性を考究するESDをとらえる上で、この日本の保育が持つ歴史を見直すという作業は、必要不可欠と考えたのである。

　そこで本章では、以下の構成によって、地域に根差すことで発展した日本の保育の歴史をその原始まで遡って見直し、ESD＝地域に根差した保育、のこれからについて述べたいと思う。第1節では、地域の特色をもって発展せざるを得なかった日本の保育機関が、なぜそれらが地域生活に根差したものであるべきなのかを論じ、第2節と第3節では、日本で最初に保育を体系的に論じた倉橋惣三の理論と実践をESDより見直すことで、現代保育の問題への示唆を得たい。

第1節 「地域生活に根差した保育」から「保育が地域生活に根差すため」へ

(1) 近代学校教育による教育と地域の乖離

　平成22（2010）年のスウェーデンでのOMEP世界大会以後、私たち研究チームは、日本保育学会、日本乳幼児教育学会にて毎年自主シンポジウムを展開してきた。一貫したテーマは、「ESDより見直す日本の保育」であり、地域生活に根差した保育の在り様を3つの角度（地域を保育へ、保育を地域へ、保育者自身が地域へ）から検討してきた。その過程で、2016年の日本保育学会（名古屋）にて「どうして保育に地域生活を盛り込むのか理解できない」という主旨の疑問が投げかけられたことは、非常に衝撃的であった。なぜなら、保育が地域生活に根差すものであることは自明のことと思っていたからである。

　以来、「地域に根差した保育」について考究するよりも、「保育が地域に根差すにはどうしたら良いのか」がESDにおいてより重要課題であると考えるようになった。そもそも、人間の営みとして不可欠なのは、その土地に生きるために必要な知恵や技術を学ぶことにある。集団教育機関が誕生する太古の時代から、人類はその土地に生きることを学び、学ぶことによってのみ生きることができた。すなわち、生まれ落ちた地において、その地を利用して自らの命を繋ぐ創意工夫の行為自体が「学び」であった。それゆえ、学びは地域に根を持つという自明の事実が存在する。結果、保育のみならず教育という営みすべては地域に根差すという前提におかれるのである。

　近代以降、中央集権国家の形成のため、地方の独立性を崩し中央に統合する動きが促進された結果、中央の対概念としての地方が誕生した。中央において「立身出世」し、「故郷に錦を飾る」という風潮が生まれ、地方からの分離が活発化されたのである。このような中央に対する地方の対義構造の誕生は、日本に限定したことではなかった。「世界のあちこちで、20世紀になる頃から教育、特に学校教育が、土地や地域から人を引き離し、場とのつながりのない都市での暮らしへ導く結果をもたらし」[1]てきた結果、学びから地方性が乖離する現象が世界同時進行で行われていった。地域から人々を乖離させる状況に警鐘をならし、阻止する運動もたびたび起こったが、その都度その土地の階層性や、国家全体主義と地方との政治的構図の理解の議論としてぶつかり、いまもって学校教育は、「青少年を地域の生活・歴史・文化などに結びつけていく方法をまったく進めようとしていない」[2]という批判も見受けられる。

しかしながら、その土地にこれまで起きたこと、つまり歴史を知ることは、その土地の独自性・固有性の理解となる。その独自性・固有性の理解を周囲との関係性によって経験的に理解していくことで、それを維持するための普遍性の追求が起こる。そこにこそ地に足の着いたアイデンティティが形成されよう。この確固としたアイデンティティをもって、持続性、永遠性を追求することは、排他的でなく多様性の受容を自ずと認めざるを得ない。これこそがESDの原点であろう。

(2) 地域に根差してこそ発展できた日本の保育

　では、地域と家庭を繋ぐ場である保育の歴史について、保育に携わる我々自身、どれほど理解があるのだろうか。今ある保育の姿を歴史から追っていき、その固有性と普遍性の理解は深まるという経験をしてみよう。

　先述したように、近代日本において始まった学校教育が、地域からの乖離を促進する一方で、日本の保育には、地域生活に根差さなければならない必然性をもって発展していった歴史があった。日本保育学会が昭和51（1976）年に刊行した年報『郷土にみられる保育の歩み』の総説（村山貞夫・記）には、その歴史的背景が記されている。村山貞夫は、特集のねらいとして「わが国の幼児保育史が、小学校以上の教育史に比べて異なる大きな特徴は、中央政府による統一が弱かったことである」[3]として、学校教育との比較において、幼児保育史の地方性豊かな発展の特色を指摘し、制度の外に置かれた就学前機関ゆえに、画一化された発展が起こらず各地方の創意に基づく発展をしていった歴史を見直し、将来の保育の展望を図る必要性を提起した。

　この背景として、1960年代の高度経済成長期以降、教職員や住民の運動を土台にして、地域に根差した教育を目指す動きが力強くわきあがっていたことがあげられる。「地域教育計画」と称され、公害問題をきっかけに、暮らしの土台としての地域と環境を守り、子どもたちを守る運動と同時に、教育が「経済力を生み出す機能を担うもの」と位置づけられることに対抗した教員の動きがあった[4]。こうした流れの中で保育の歴史を整理してこそ、保育の発展に寄与することができると考える。

　保育の発展に必要な作業として、歴史的系譜をたどるという着想以前に、保育学会が地理学的な視点を重視して、地方性の理解を立体的に検討していたことも見過ごせない。『保育学年報別冊』（1971年発行）で「人口流動と幼児保育―過疎化・過密化における実態」を取り上げたり、『保育学年報1974年版』で「保育ニードの地域性」を取り上げてきたように、保育と地方性、保育と地域との関連は今もって深く考えるテーマであることを明らかにしている。

　このように、日本の保育が地方性を加味した歴史的省察のなかで将来的な展望や普遍性

を追求してきたことを改めて振り返ると、日本の保育の発展において、地方性や地域生活性を大きな歴史的特色として捉える必要が明らかになったと考える。

(3) 保育と園生活・地域生活

　日本の保育史を顧みれば、地域生活に即した保育を実践することの重要性は、すでに1930年代より倉橋惣三の「生活を生活で生活へ」という言葉によって再三繰り返されていた。しかしながら、1930年代からその死の直前まで繰り返し主張されたにもかかわらず、それに反するような保育者主導型保育や見た目に成果が認めやすいお稽古事偏重保育は、今も絶えない。これは、いったいどういうことなのだろうか。

　成果主義や保護者の要望にのみ応じた保育は、子どもの生活を無視したものに帰結する。倉橋が指摘し批判して以来、子どもの生活を無視した保育の横行についても、歴史的な考察からその解決の糸口を見出すことができると考える。

　自分の保育を例に考えてみてほしい。昨日の実践は、今日から見ればすでに歴史となる。昨日、1週間前、1年前、10年前、自分はどのように保育をしてきたのか。また、なぜそのような保育をしたのか、苦労して行った保育こそ記憶は鮮明だろうし、今後の保育の参考事例として大いに活躍するだろう。事例が豊富であれば、それだけ考えがひろがるものである。一方、自分の保育実践の認識が深まれば、他人の保育実践にも興味がわくはずである。体験を共有したり、共感したり批判できるのは、自分の実践の見直しがその基底にあるからである。このように、保育を歴史的に考えることは、今ある保育を考えるヒントとならないだろうか。

　この点で参考にすべき事例として、保育の基本的な形を創ったとされる倉橋惣三の理論と、その理論を実践化した菊池ふじのの実践をみていくことにしよう。

第2節　倉橋惣三の誘導保育論「生活を生活で生活へ」の理解

(1) 日本の近代保育の源始より

　日本の保育とは、どのような経緯で誕生したのだろうか。現代の小学校教育の原型がスイスのペスタロッチによって1800年に創設され、世界的に普及された一方、幼稚園はそれら小学校での就学前教育機関として、1850年代前後より世界同時多発的に発展してきた。

　日本の近代幼児教育機関の起源は、1872年に「学制」が公布され近代学校教育が開始された4年後の1876年に、ドイツのフレーベルが1853年に創設した「キンダーガルテン」

を幼稚園と翻訳して、ドイツの幼稚園を模範としたお茶の水女子大学附属幼稚園＊を創立したことから始まった。

　幼稚園開始当初の日本は、服装は着物が主流で、洋装の人はごく稀であり、生活そのものも旧来からの因習が根強く残っていた時代状況にあった。幼児の教育は、しつけの範囲で家庭内において行われるものが当然とされていて、明治政府の樹立とともに、新しい教育制度が施かれ幼児の教育機関が誕生したとはいえ、幼稚園自体の理解は当然ながら進まなかった。

　さらに、義務化が前提とされないなかで開始された幼稚園には、全国統一の保育内容や教科書、教材の類は存在せず、各園の工夫と創意による運営が余儀なくされた。お茶の水女子大学附属幼稚園で行われた活動を基に、当時の文部省が政府の見解としていわゆる保育の枠組を示したのは、お茶の水女子大学附属幼稚園開設から23年後の明治32（1899）年であった。それでもしだいに保育内容の研究も組織的に行われるようになり、明治39（1906）年にキリスト教保育連盟が発足し、毎年研究大会が実施され、全国レベルでの保育内容の研究が始まった。

　保育の発展に併せて、子どもの主体性を育む教育観が提唱され、世界的な教育運動も起きていた。日本では新教育運動と呼ばれ、倉橋惣三はその旗手であった。

(2)『系統的保育案』——子どものための保育案の誕生

　日本で初めてとなる保育案を提唱し、日本の保育理論の構築と幼児教育改革に果たした倉橋の役割の大きさは、「倉橋を抜きにして戦前・戦後の日本の幼児教育を語ることはできない」[5]といっても過言ではないとされる人物でもある。近年、倉橋が唱えた保育の原点に立ち返って幼児教育を見直そうとの主張がなされ、現代に生きる教育思想として再評価する動きも盛んである。

　倉橋が、幼児の生活を中心とした保育案の大切さを説いたのは昭和8（1933）年7月、日本幼稚園協会主催の保育講習会にて、「保育の真諦」と題して行った講演会が初出とされる[6]。その後、昭和9（1934）年7月に『幼稚園保育法真諦』と題して出版されるが、その主張は、幼稚園には保育案が必要であること、その保育案は幼児の生活を中心としたものでなければならない、というものであった。この系統的保育案の創出は「保育において展開されていた幼児の『生活』の全体が初めて捉えられた」[7]ということができるもの

　＊現在の国立大学法人お茶の水女子大学附属幼稚園は、明治9（1876）年に開園して以降、戦前、戦後を通じて度々その名称を変更している（「お茶の水女子大学百年史」刊行委員会『お茶の水女子大学百年史』1984年、835-53頁、お茶の水女子大学附属幼稚園編『国立大学法人お茶の水女子大学附属幼稚園創立140周年記念誌』2016年、14-66頁より）。本文では、便宜上、お茶の水女子大学附属幼稚園と、その表記を統一して使用するものとする。

であった。

　新教育の成果を取り入れ、幼児の生活を無視した当時の羅列的保育案を乗り越え、誘導保育案を中心とした倉橋理論を２年間の幼稚園生活に組み込んだものが、『系統的保育案の実際』ということになる。講演会を契機として、理論化を試みた『系統的保育案』、そして理論を実践化させることを容易にしようと企図した解説書『系統的保育案の実際』の用例集が誕生したのである。

　倉橋は『系統的保育案の実際』の冒頭で、この保育案は「幼稚園保育の本義に立脚して、幼児の生活に立脚して、幼児の生活に帰着する、生活系統としての新しき保育案」[8]を意図して制作されたと主張している。大正15（1926）年に制定された「幼稚園令」によって「幼稚園ノ保育項目ハ遊戯、唱歌、観察、談話、手技等トス」と定められ、保育項目に新しく「観察」と「……等」が加わり、保育５項目の時代が到来したことを背景に、この「新しき保育案」が考案された[9]。

　　　①講演録『幼稚園保育方法真諦』
　　　　　→②理論化『系統的保育案』
　　　　　　　→③実践用例集『系統的保育案の実際』

図7-1　倉橋の系統的保育案の実際ができるまで（筆者作成）

　倉橋の提唱した系統的保育案は、５項目からなる課程保育案に並行して、倉橋の創案である誘導保育案を盛り込んだところに画期的要素があった。この誘導保育案とは、「何か主題になるものを中心とし、個々の興味でなく生活興味を呼び起し、総合的全体的に、ときには大仕掛けに活動させることであり、長い見通しのもとに、生活にまとまりを与えるような主題を用意して、継続的に生活が展開していくようにするもの」である。

　しかしながら、幼児の生活を中心とした誘導保育案の作成と実践は、当時の保育関係者にとっては非常に難しいものであった。倉橋惣三研究の第一人者である坂元彦太郎は、倉橋が提唱した系統的保育案とは、「自由遊戯」「生活訓練」「誘導保育案」「課程保育案」において「少しずつ幼児の生活の意味が異なり、期待される教育効果も異なり、それにつれて多様な役割を演ずることを保育者に要求する本保育案を、有機的、総合的そして効果的に実践することは、至難のわざといわなければならない」[10]と指摘している。

　また、当の倉橋でさえ、その難しさを認めており、次のような言葉で実践化の難しさを述べている。

　　若しも非常に理想的な場合を言ひましたならば、課程保育案が誘導保育案の中にずうっと溶込んでゐながら、而も各保育項目がきちんと徹底的に各期待効果を遂げ得る様に指導さ

れ、それが又更にその誘導保育が子どもの生活の方にずっと這入り込んで自由遊びと一緒になって来たならば、それこそ実に天国幼稚園、理想幼稚園とは斯う云ふのを言ふのであります。けれどもそれをただ形だけ真似て、『見て下さいこの自然さを。この自由さを！』と言つても、中身が実はぼやっとして、折角の期待効果がちゃんと現れて来なければ全体としては甚だ微力なものになります。そこで効果ある保育にしようとすると抜出して来てやらなければならないし、全体的の形にしようとすると効果がいゝ加減になる。そこに保育案のむづかしい問題がある[11]。

このように、肝心な保育案への反映方法は「ずううっと溶け込んでいながら……ずっと這入り込んで」と、抽象的表現に終始し、具体的指示がない。したがって、系統的保育案は、保育者の裁量にゆだねられる形でしか展開できない限界（制約）を持つがゆえに難しいものであった。

とはいえ、『系統的保育案の実際』の反響は大きく、実例集として附属幼稚園保姆たちが、倉橋主導のもと『幼児の教育』誌上に１年間に亘って各項目で分担執筆し、その解説を行ったほどである[12]。当時の一般的な保育案は、保育５項目その他いくつかの保育内容を適当に組み合わせ、場合によっては季節的な行事を適宜差し挟むといった、羅列的な時間割に過ぎないものがほとんどであり、「ある一定の目的意識によって作成された保育案は、『系統的保育案の実際』をもって嚆矢」とされたのである[13]。

(3) 系統的保育案の着想

「生活を生活で生活へ」と、子どもの生活を無視した保育実践内容について鋭く批判した倉橋であったが、その着想は1920年代にはアメリカ視察によって得たものである。子どもの生活と心理を重視し、日常の仕事動作に重きを置いたカリキュラムでなければ、幼稚園の生活カリキュラムにならないと説く"A Conduct Curriculum for the Kindergarten and First Grade" (1923年)[14]に共鳴した倉橋は、坂本が指摘するような「新教育の成果を取り入れ、さらにわが国の生活風習をも加味した保育案の作成を、長い間考えていたものと思われる」[15]保育案を発表した。

以下に紹介するのは『系統的保育案』刊行の辞であるが、当時の保育の実際の問題点が指摘されている。倉橋は、この保育案をもって、画一的な見本を当てはめたような保育を避ける必要性を、言葉を換えて再三にわたり注意を喚起している。各園には個別の保育案が自ずと創案されることが保育案であり、「よその模倣」は保育案ではない。独自の保育案とは、「生活風習を盛り込む」こととなるという意であろうが、時代同質性を持った問題提起であると考える。以下はその全文である。

刊行の辞
　われわれは、保育案の有効と共に危険をも知ってゐるものである。保育方法を固定せしめ、保育者の独創を妨げ、幼稚園の活気を失はしめる。つまり、幼児と保育者の活動を惰性化し、機械化する危険である。しかし、これは、実は、保育者の罪ではなくして、それを用ふる人の罪であろう。案を用ひずして、案に用ひられるからであろう。
　保育案の危険は、よその保育案を模倣する時に殊に甚しい。各の幼稚園は環境を異にしてゐる。如何なる保育案と雖、いづれもの幼稚園にそのまゝ適用せらるべきことはあり得ない。幼稚園は銘々の保育案をもたなければならない。そうでないと、幼稚園といふものが鋳型にはめられて仕舞ふ。
　本書の刊行は、如上の危険を幼稚園に加へんとするものではない。此の保育案の作成者である附属幼稚園自身が、いつも此の案に固着してはゐない。幼稚園は不断に生きてゐる。従って、その保育案も、次から次へ帰化し進歩する。この意味に於て、この案もひとつの案に過ぎない。たゞ、保育案作成の根本原則に就ては、おのづから其の攫るべきところがなくてはならない。それは、単なる保育項目の時間的配当でもなく、況んや、項目内容の選択と羅列に止まるものではない。それらを駆使して、幼稚園生活を活かすものでなければならない。本書は、その根本原則の或る具体化として見らるべきものである。
　保育案の有効に就いては、更めていふを要しない。若し本書の刊行が、僅かでも保育案の正しき有効に実することが出来、殊に、保育案作成の根本原理を理解する多少の助けともなり得れば、本会の幸之に過ぎないのである。
　昭和十年七月

日本幼稚園協会主幹　倉橋惣三

　文中、「保育案の危険は、よその保育案を模倣する時に殊に甚しい。各の幼稚園は環境を異にしてゐる。如何なる保育案と雖、いづれもの幼稚園にそのまゝ適用せらるべきことはあり得ない。幼稚園は銘々の保育案をもたなければならない。そうでないと、幼稚園といふものが鋳型にはめられて仕舞ふ」という内容は、言葉を換えてその後の倉橋の言説に繰り返される。保育の発展途上において、模倣と鋳型の打破が当時の課題であったのである。

第3節　誘導保育案の実践

(1)「人形の家」・「ひじり橋」にみる生活に根ざした保育の実際
　倉橋が指摘した保育課題に、実際の保育によって応えたのが菊池ふじのであった。
　大正13（1924）年4月より、お茶の水女子大学附属幼稚園に主事・倉橋とともに勤務

した菊池（昭和43（1968）年3月退職）は、著書『生活に根差した保育を―誘導保育実践の歩みをふりかえる』のなかで、自身が創作した誘導保育について、生活に根ざし、『生活を生活で生活へ』の倉橋の言葉そのままに行った保育が誘導保育であり、新しくもなく、特別な意識をもって始めたものでもなく「倉橋先生の思想と同じ」[16]と答えている。

　女子師範で倉橋の講義を聴講していた菊池は、倉橋の講義は常に様々な視点から語られ、演劇や絵画、歴史など話題も豊富で、博学的な魅力に富んだ内容であったという。そうした倉橋の個性をもって「思想」という答えになったと思われるが、倉橋研究の第一人者である坂元彦太郎も、同様の指摘をもって誘導保育を捉えている。

　系統的保育案の項目を担当した菊池ふじのの代表的保育は「人形の家」であろう。保育室の中にお人形の家やおままごとセットが置かれる風景は、今でこそあたり前であるが、この始祖は菊池ふじのの保育実践である。

　菊池が幼児と共に、保育室に子どもの家を作ろうと発想したのは、幼少期の自身の体験に基づくものだと語っている[17]。「田舎であるから、むしらやなわ、板などは屋敷内のいたるところにたくさんある。それを持ち出してみんなで、わが家を一軒ずつもった」[18]自身の楽しい経験そのままの保育は、子どものみならず、親や他の保育者をも巻き込む大きな展開を見せるようになる。受け持ちの子どもを見て、自分の育ちを省察することで追体験するべきものを見出すことは、子どもというものをよく見ないとできない発想であろう。

　この「ひじり橋」保育の聖橋とは、JRお茶の水駅に架かる特徴的な橋のことである。当時その形の美しさから、話題のスポットとなっていた聖橋は、お茶の水女子大学附属幼稚園の散歩コースからよく見えていて、子どもの関心も高かった。この子どもの関心の高さをみて、粘土を使って再現することに思い至ったという。保育室にある1畳ほどの砂場のトタン製の蓋をひっくり返して川を作り、土手には園庭から雑草を抜いて植栽し、毎日2貫（7.5kg）もの粘土を使って眼鏡橋の形状を復元したという。すべて、園児との協同作業によって、当初の予定を上回る出来栄えとなった。出来上がる過程は、さらに予想以上であった。「川べりの草を植える場合などは、みんな幼稚園の片隅の方から雑草を抜いてくるのであるが、先生は大忙しで受け入れるのにいとまがないという状態を呈した」[19]という。それは、今まで遊ぶ意欲もなく、友だちとの遊びにも積極的でなかった子どもでも、このひじり橋作りには「いきいきと参加」[20]する変化をもたらしたという。

　環境の選択や保育者自身の生活によって幼児の自発活動を誘発し、幼児の生活を新しい次元の生活へと発展させた2つの事例からは、その地域の、その園の、その子どもという、そこの園にしか通用しない保育こそ、子どもの生活を生活で生活へと帰着する誘導保育であることを教えてくれる。東京のJRお茶の水駅に現存する聖橋を知っている者なら、この当時作られた子どもたちの「ひじり橋」を見てみたいと思うだろう。身近な風景を自分

たちの手で再現する楽しさは、時を超えてもその土地に生きる者でこそ得られる感動を与えてくれるのである。

(2) 戦後の「系統的保育案」

菊池は、子どもの自主性に重んじる保育は、幼児には困難であると、「みんなでこんなことをしようと発案して実行できるのは、小学校二〜三年生になってからじゃないかしら。幼児は、のってくるけれど、発案からはむりでしょうね」[21]と、幼児の自主性に偏重する現状を批判し、保育者の発案を基に展開する保育が必要と語る。

いっぽう倉橋は、「誘導」を重視した『誘導保育』論を、保育者の発案を排除し、徹底した幼児の「自発生活」に重点を置く「自発保育」論として再編した[22]。このように誘導保育論自体は当事者たちによってもその見解が定まらなかった。

戦後、倉橋は日本側教育家委員会、教育刷新委員会の委員として教育改革の推進役を務め、幼児教育改革においても中心的な役割を果たした。しかし、保育論に関しては、戦前に刊行した『幼稚園雑草』『育ての心』を昭和23（1948）年に復刊し、昭和28（1953）年に『幼稚園保育法真諦』を『幼稚園真諦』として改訂出版して、再度「人間常識と幼児生活の尊重との間に、当然の保育道を見出す」[23]必要性を再提起するに留まった。

(3) 日本の保育におけるESDの原理

フレーベルが創造した子どもを保護する空間としての「子どもの園」は、子どもに関わる全ての人にとって、その地域への愛着を醸成し、その地域に暮らす者のアイデンティを保護する「みんなの園」へと発展している。人が暮らすコミュニティにはある一定の規模があり、そこに属する人々が共有できる文化がある。日本の保育は、その一定の規模で共有できる文化において生まれ、発展した。その地域にある、その園でしか通用しない保育には、そこに関わる者や環境を慈しむ行為によって成立していたのである。

歴史的経緯をたどれば、現代の日本における保育とは、コミュニティを形成する者の、その地域への愛着を示す表現手段といえるのではないだろうか。帰属する土地への愛着の確立は、他の土地に帰属するものへの尊重を可能とさせる。このような視点において、倉橋が提唱した「生活を生活で生活へ」は、日本から世界へと発信するESDの原理となろう。

引用文献
(1) 高野鷹子編著『PBE地域に根差した教育』18、海象社、2014年
(2) 同上、37
(3) 村山貞夫「総説」『郷土に見られる保育の歩み』10、日本保育学会編、1976年、フレーベル館
(4) 高野前掲書、15

⑸湯川嘉津美「倉橋惣三の保育理論にみる国民教育と市民教育の課題」239、田中治彦、杉村美紀共編『多文化共生社会におけるESD・市民教育』2014年、上智大学出版
⑹坂元彦太郎「『系統的保育案の実際』・『系統的保育案の実際解説』解説」、岡田正章監修『大正・昭和保育文献集　別巻』129、1978年
⑺児玉依子『倉橋惣三の幼児の「生活」理解—「系統的保育案」における保育項目「談話」の場合』北陸学院短期大学紀要26、1、1994年
⑻倉橋惣三「『系統的保育案の実際』解説序文」幼児の教育36（3）、1936年3月
⑼日本保育学会編『日本幼児保育史』第4巻、11、1971年、フレーベル館
⑽坂元前掲書、133
⑾「保育案」幼児の教育36（3）、144、1936年9月
⑿菊池ふじの『生活に根差した保育を―誘導保育実践の歩みをふりかえる』75、東京都公認大泉双葉幼稚園発行、1993年、フレーベル館
⒀同上、127
⒁Patty Smith Hill, Charles Scribner S Sons, 1923.
⒂坂本前掲書、同
⒃菊池前掲書、18
⒄同上、9-10
⒅同上、75
⒆同上、46
⒇同上、同
(21)同上、18-19
(22)湯川前掲書、252-53
(23)倉橋惣三『幼稚園真諦』1953年、『倉橋惣三選集』第1巻、120、1996年、フレーベル館

第8章

保育におけるこれからのESD
―継承していく「もの」と創造する「こと」―

名須川 知子

第1節　ESDと人権・平和教育

(1) ESDと地球環境

　ESDの目的は、この地球に生きている生物がずっと長く生きていけるためにどのようなことに配慮していけばよいのか、ということであろう。私たちは、今この場で当たり前のようにこの地上に住み、共に暮らしている。それも自分の生存だけではなく、より快適な暮らしを求めていることは、人間という動物としては当然なことに思われる。さらに、快適さは個人によって感じ方も異なるため、人によっては、出来るだけ早く目的地に行けることを快適さだと考え、一方では森林の中でゆっくり歩いて木漏れ日を感じることが出来ることを快適さだと思ったりする。また、一人の人間においても生活の目的によって両面をもつ場合も大いにある。しかし、快適さの追求は、暑い日の冷房や車や飛行機の燃料等多くを使うため、結果的には自然環境の貪りへと進む。その根源は、人間が動物としての欲求、それも基本的欲求を超えた極めて自己中心的な欲求、人間的理性をも麻痺させた結果としての欲求、時にはそれが「仕事」という大義名分としての目的化したものでごまかされた結果としての、行動によってむしばまれていくのである。

　この配慮なき人間の行動は、地球という場への影響と同様に、他の生物体へかかわっている。例えば、人は、快適な住む場所を求め、その場に家を建てようとする。そのためには、森林の木材を必要とする。その木は、家の建築として使われ得るまで、何十年にわたって生育したものであるが、それを数時間で伐採する。多くの人間が同様なことを行うため、

無計画に伐採された結果として、森が姿を消すこととなる。その結果、雨水が濾過されずに川に流れ込み、濁流となって海へ行き、海水が汚染される。森で生息する動物、鳥、虫が行き場をなくし、川や海の魚もなくなり、汚染されたものを人間が食することとなる。

この地球上で人間こそが、自然をコントロールできるものと勘違いすることで、実は、大きな過ちをくり返す隠されたシステムの中での日常生活を余儀なくされていることが21世紀の私たちの生活なのではないだろうか。

また、人は群れとして生きていく。それは、一人では決して生存することができない動物であるからだが、その生態が助け合いというだけではない。むしろ排除的な群れとなり、その群れを維持するため、さらにその群れの快適さを求めるため、他の勢力との争いを引き起こすこととなっている。この群れの間の争奪は、争いの種が変わっていても、その本質的なところは変化しておらず、未だに多くの戦争が世界中で起こっているのである。このように考えていくと、私たちが地球上で生き続けた結果、持続可能性を阻害する方向へと日々向かっていることがわかる。すなわち、私たちの動物的な欲求の追求こそが、持続可能性を阻んでいるということである。

しかし、私たちがこの世に生きる使命は、生命*をつなぐことであり、本来はこれこそが大前提なのである。生物体である人間は、いずれこの世を全うし死と直面することが運命づけられている。その中で死ぬことですべてが終わるのではない。少なくとも、現時点では、目に見える地球が存在している。そこで、何を受け継ぎ、育てていくのか。それこそが継承と発展であろう。あらゆる場面で先人の生きる術を受け継いでいる私たちの暮らしは、取捨選択をしながら現在という時代を生きている。しかし、その取捨選択は何によってもたらされているのであろうか。一言で言うのであれば、その人自身の「価値観」であろう。

そして、教育という営みはその人間が社会人として生きていく上で必要な、多分最低限必要なものを学校という中で伝えていくものであろう。

その伝え方は人の成長過程で異なるものであり、乳幼児の場合は、本人の行動に応じてふさわしい環境の中で育まれるものである。乳幼児教育の人的・物的環境の重要性が言われるのはその理由による。ここでは、続けてESDと人権教育、さらに平和教育について、述べていきたい。

(2) ESDと人権教育

ESDにおける人権教育の特徴は、「自分の大切さとともに他の人の大切さを認めること

***生命** 本章では、子どもが誕生した際、社会性も含めた人間として「生命」とする。従って、これから育まれる生物すべてについて含めた場合は「いのち」を、志を含めた精神面を指す場合には「命」として、区別する。

ができる」ことであるとされている。まず、この命題をしっかりと意識付け、そして、そこから様々な行動に結びつけることが前提となる。一般に人権を尊重するという言葉で言われるが、それは、お互いに思いやることが第一歩であろう。そのためには、まず、人間という存在が、自分自身だけに集約されるものではなく、自分も大切にしながらも、他者の中での人の存在を知る感覚をもつことである。

この人権教育の難しさは、理屈でわかることだけにとどまらず、実感として感じることであり、感性的理解に基づくということであろう。例えば、道に咲いている花を美しいと感じる気持ちがあるからこそ、道ばたの花をむしりとったり、花壇の花を勝手にとったりすることにためらいの気持ちが生まれるのであって、「やってはいけないことだから」というルールが先にあるものではない。人の道としての教えは、時にして形式的なものになりがちであり、それは頭で理解するものであるが、その前提として、「感じる」気持ちが先にあってこそのルールであろう。

しかし、難しいことに、ESDのE（Education）の部分である教育は、どうしても言葉を介して教えることが中心となり、その言葉を形式的にうけとることが多くなる。

さて、人権の問題として、人そのものを育てることが第一の課題であるが、人格の発達、自律心、判断力、責任感などの人間性を育むことを元に、そこから他者との関係が築かれ、自分の周囲と自然環境との関係を意識することが育まれる。それは、知識に基づく価値観であり、行動へとつながるものである。そもそもESDの事業そのものが、持続可能な社会づくりのできる人材を育むことを目的としたものである。その際、「何を引き継ぐのか」というと、根本的には命あるものを引き継ぐことであり、人が将来にわたって生きていける環境、経済、そして、それらを支える価値としての人格である。このように考えると人権問題は、ESDの基底となる課題であることがわかる。

乳幼児期の人権としては、もちろん子どもへの人権が第1となる。これは、虐待等の乳幼児への問題が、本当に子どもの人権をゆがめていることを表しているということが言えよう。乳幼児の人権は、子どもの生活が快く居心地のよい状態におかれている、ということである。生まれながらに自発的な子どもは、その意思の赴くままに興味津々で様々な事に向かっていく。どれも自分の周囲にあるものにははじめての出会いであり、関心をもっている。その時に安全を損なうことなく探索活動ができるように、そして、その活動の先には、経験してほしい環境として、色・形・感触・音といった身体で感じられる環境を準備することである。

第2に保護者の人権である。幼い子どもにとって養育者は自分自身と同じように生きて行く上で大切な人である。しかし、大人にとって子育ての営みは、心身共に大変なものである。それは、このように環境が様々な面で便利な時代になっているにもかかわらず、子

育てだけは便利に出来るようにならないからである。むしろ、周囲が便利である分、子育てだけが基本的に以前のまま、養育者を必要としている分、かえって煩わしく、面倒に思えるものとなっている。大人の都合がほとんど通用しない状態である。したがって、親子共々健やかな育ちを保障するのであれば、子どもを第一義的に育てる親の人権も顧みなければならないのである。そこでは、親子で捉える人権の目が必要となってくる。具体的には、子育て支援ルームの大切さが強調される。これは、子育てを実施する親子のかかわりを守る時空間であり、子どもを介した親同士のかかわりが促される場所でもあるからだ。

　その詳細は第2節で触れるが、その意義として、親子の人権の保障が挙げられる。

(3) ESDと平和教育

　ESDが実現するには、子どもたちが安心して過ごせる場所、居心地のよい空間の保障がされることは言うまでもない。そのためには、当然安心・安全の場の保障が考えられるのであり、子どもをめぐる状況が平和であることが最低限のものとなる。そのような中で、経済学者の宇沢弘文は、戦後我が国の復興について、「生活する場、生活の質、文化的なもの、それが人間にとって社会にとって必要」と述べ、高い費用をかけないで遊べる環境こそがその実現に向かうことであるにもかかわらず、環境の悪化にともなって、今まで以上の支出をしなくては楽しみを得られない現状を嘆いている。我が国は戦後に平和国家を目指したにもかかわらず、実はとても大切なものを失ってしまったのである。それは、経済復興こそが平和を築けることであるという、とんでもない誤謬を信じてしまったからに他ならない。その原因は1950年半ばから1960年の終わりまでと言われている「高度経済成長」の時代の環境の使い方であると述べている[1]。すなわち、「環境は、個々人なり企業が私有できるものではなく、いわば国民全体、社会全体の共通の財産、社会的共通資本という概念」[2]というものであり、そこでのサービスは無料か、あるいは非常に安く使うことができるものであるとされている。

　しかし、この社会的資源を無視すると「できるだけ多くの資源をできるだけ効率的に配分できるような制度をつくって、政府の政策もできるだけ高い経済的成長率を求めようということ」[3]となっていく。そして、社会的資源の私有化がはかられ、社会的意思統一も難しくなっていくのである。

　戦後、平和を希求した我が国において、このような経済への公共的な知見は環境とも大きく関わっているものであったが、経済発展のみを追求した結果、大きく環境を阻害したことは否めない。経済発展の奥に関連した環境を含めた「生活」を考えない欠損が今の我が国の問題の原因となっていることは明らかであろう。それは、我が国ばかりか地球全体の問題ともなり、ESDの必要性が叫ばれる要因ともなっているのである。このように、

戦禍の下に暮らしていない現実であっても、「平和」の実現は遠いものである。

　また、戦争の記憶は、時間と共に薄れていく。OMEP（世界幼児教育・保育機構）は、第2次世界大戦直後、幼児教育に携わる人々が、国境を越えて子どもたちのために協力する目的をもって創設された。OMEPが戦争のない世界の平和を希求しているのは、戦争では、まず幼い子どもらが犠牲になるからだ。

　OMEP日本委員会では、40周年祈念事業の一つとして子どもの人権と平和プロジェクトで絵本『子どもたちの世界を豊かに』[(4)]を製作した。絵本を使用して、子どもの権利条約（国連1989年）全54条のうち、日本における課題性のある第2条「差別の禁止」、第3条「子どもの最善の利益」、第7条「名前・国籍を得る権利」、第9条「親からの分離禁止」、第12条「意見表明権」、第19条「虐待・放任からの保護」、第24条「健康・医療への権利」、第28条「教育への権利」、第31条「休息・余暇・遊び、文化的・芸術的生活への参加」、第42条「条約広報義務」の計10の条文項目を選択し、学生がそのイメージ図を描き、絵本にしたものである。

　このように、平和の意味を意識することを前提として、子どもの最善の利益を保障する制度としての権利条約を知ることが幼児教育におけるESDとして平和の導入になる。すなわち、持続可能な社会発展のための乳幼児保育・教育の保障なのである。

第2節　世代間のつながりと継承とESD

(1)「生命」をつなぎ育てるESD

　私たちが、人として生きて生活するため、何気ない、しかし生きていくためにかけがえのない日常生活をあたりまえとしている。しかし、そのために大前提となることは、「生命」であろう。その生命のつながりをリレーするための支えとなるものが、家庭であり、その周囲である社会であるべきである。ここでは、ESDの観点から子育て支援を中心に考えていきたい。

　現在の子育て支援を地域で始まった原点は、1994年の「エンゼルプラン」である。この時代には現在でも言われている「生きる力」を育むため、「今後の子育て支援のための施策の基本的方向について」の中で、少子化への対応が策定されている[(5)]。なによりも「生命」の誕生があるところに継続する意味も現れるのである。すなわち、ここでは、個々の家庭も含まれるがそれ以上に、社会として生まれてきた「生命」をいかに育むか、ということこそ、ESDとして考えるべきことであると言えよう。また、日々の生活の中で子育てをするということは、「喜び」が伴うものである。しかし、現代では、大人中心の多忙

感の中で、ゆっくりと幼い子どもの生命を慈しみながら生命を育てる喜びを感じながら生活することが難しい時代となっている。この理由は、様々考えられるであろうが、何よりも「時間」に対する感覚、いわば「時間感」が変わってきたためと思われる。私たちは誰もが平等に物理的時間として24時間の中で生活している。しかし、その中で時間を感じる感性は異なってきている。特に「迅速に」「効率良く」と言った価値観で多くが成り立っている現代は、すべてのものが時間の無駄がなく、早くという目的で動いている。しかし、子どもの生命を育まれる成長は、その現代的価値とはまったく関係なく、ほぼ同じスピードで実際は変化している。すなわち、子どもの成長は「ゆっくりと」したものであるように見られる。しかし、内在的にはものすごいスピードで心身ともに成長しているのである。継続的な目でゆったりとした気持ちをその成長を眺める際に、子どものものすごい成長を確認することができる。日々変わって行く子どもの様子を見ることはができる養育者は、子育ての喜びと共に生命力の素晴らしさを感じることが可能であろう。しかし、現代の時間感の中で日々の目の前の「用事」に目を奪われ、その処理をすることだけに振り回されている状態であると、子育ての喜びを感じる時もなかなか難しくなってくる。本来は、子育てを楽しみながら親になり、親としての成長も育まれるようになってきて、そのことが生命をつなげていくという、ESDの大前提を営むことにもなっていくのである。

　成長は、目に見えるものだけではない。その何気ない子どもの状態の中に、見ようとする大人の意思が働かないと見えないものが多い。特に話をしない幼い子どもは自分の身体をもって行動であらわしたり、表情であらわしたりする。しかし、そこには、必死な思いを込めている、というよりは、心身が一体になった状態で表出していることが多い。その読み取りが、日頃双方の言葉でコミュケーションし、理解しなれている大人にとっては、大変難しく、幼い子どもの気持ち、意思を読み取りにくい。しかし、子どもの行動、様子を見ていると、様々な場面で気持ちをもって、意思をもって行動している姿を見ることができる。また、その記録をとることで、その子どものかわいらしさを実感することもできる。それこそが、何気ない日常的な子どもの良さであり、周囲にいる大人の子育ての喜びとして伝わってくるものである。もちろん、表面的にも幼い子どもの行動は、かわいらしく、時には想定外のものであって驚くこともあるが、その奥に秘めたその子どもの個性のあらわれといった内面的なものが見出されるのである。

　例えば、子育て支援ルームの次のような様子が見られた。ある日、子育て支援ルームに誕生2ヶ月の男児Ａが来た。母親にとっては3人目であり、育児も慣れたものである。Ａ児も手足を動かしてご機嫌がいい。そこに、スタッフ手作りの飾りを頭の上のほうで動かしたり、揺らしたりすると、じっとそれを見つめている。また、声をかえるとニコッと笑う。このような風景はよく見られるが、ふと、もしこのような外からの刺激がなかったら

どのようなことになるのかな、と気になった。おとなしくベッドで横になっている分、気にならずにそのままにしがちだが、大人のちょっとした気持ちや仕草でA児とやりとりができている。

　そこで、上のお兄ちゃんたちをしっかり母親が関われる時ももつことができるように、スタッフは努めてベッドにいる赤ちゃんの様子を見て、関わるようにしている。このように、乳幼児期の子どもは「自分は守られている」「愛されている」といった基本的信頼を人との間で実感することが何よりも重要である。ESDは何か人や生物にとって価値あるものを守り、持続しようとする行動であるが、その何かの本質は「生命」である。一言で語れば、その思いをもっていることがESDにつながる行動を促すことである。そして、その思いを育むことがこの「基本的信頼感」である。乳幼児の発達から考えると、その基本的信頼感が基底になって自分が自分であるという自我の形成とさまざまな事象への認知の発達へとつながっていくという重要な第1ステージある。この「基本的信頼感」は周囲の人々、何よりも最も身近な親とのやりとりの中で、子どもの五感をとおした体験で成長していくものである。言葉も心地良い音声として、五感として働くのである。話をしない子どもは「何もわかっていない」という先入観は、最近の研究からも間違いであることが指摘されている[6]。

　乳児は自ら話すことはしないが、言葉を理解しているというのである。多分、それは、内容的なコミュニケーションというよりも感情的なコミュニケーションが伝わっていると考えられる。つまり、大人が言葉を使う際には、その言葉に感情を含めている場合が多く、特に相手が乳幼児である場合、ほめているのか、叱っているのか、その言葉の音声のニュアンスが異なり、その言葉を受ける子どもにとっては、それを感じる力が大きいのである。

　このように、生命をつなぐということがESDの原点でもあり、子育て支援もその一環であることがわかる。また、継続という観点からは子どもの成長ということになる。つまり、その生命の誕生だけではなく、変化し続け、成長し続けることである。そのためには、子どもにとってふさわしい成長を促す環境が求められる。そこで、自然の営みの中で遊びをとおした成長を促す環境にとしての子育て文化としての伝承について述べたい。

(2) 子育てにおける文化の伝承とESD

　子育ては、「文化伝承」[7]や「知恵の伝承」[8]と言われている。それは、人々がこれまで継続してきた大きな糧として、幼い子どもを成長させる、ということにあったからである。学齢期からは社会的な学校教育としての中で社会的な人間となるよう、様々な方法で成長するシステムが確立されているが、学校に入学するまでは、生活の中で多くの大人やこれから大人になる人たちの中で幼い子どもは育まれていったのである。そこには、あまりに

も日常的で気付かないが自然に人間の成長にふさわしいものとして、埋め込まれた環境があった。また、それを見てどのようにしたら子どもが育つのか、目の前で直接触れることもできたのである。つまり、子育てとは、誰かに教えてもらうというよりも見て学習するものであったと言えよう。また、幼い子どもの自然な姿のかわいらしさ、愛おしさは、見て触れて感じるものであった、というよりもそのように体験することで得られるものである。幼い子どもを見ていると不思議な感情が引き出されるという経験を五感として感じ、人として成長できる環境こそ、子育ての伝承を実践していることでもある。つまり、そこには、子育てを日々の生活の中で楽しみながら親として、さらに家族として一緒に成長できる仕組みがあったのである。

　1980年頃までは、そのような環境をあちこちで見ることができたが、ここ最近急速に少子化現象とともにそのような光景さえほとんど見ることができない日常となっている。我が国の政策としても、少子化による影響はすぐに察知できたのであるが、社会的なシステムの中で捉えることが弱く、現在のような状態を招くことになっている。それは、「子育ては女性がするものだ」という根強い性別役割分担に基づく考えのもと、それを女性の社会進出とつなげて考える誤謬も含まれることで、政策を打ち出してもその効果が十分に見られない状況となっているのである。

　「文化の伝承」といっても乳幼児期における伝承は、日々の暮らしの中にある極めて日常的なものである。規則正しい生活、食事の仕方、日々の会話等である。しかし、現在のように日常生活の中にテレビ・DVDが当たり前のように入り、携帯電話を含めて機械音が氾濫する中では、我が国の日常生活を文化として伝えることが難しい。意識して日々の生活の仕方をしていかないと、機械に囲まれた生活が伝わっていくのである。これは、知らず知らずのうちに生活に溶け込んでいるため、かえって気付きにくい現象であり、一体どのようなものが古来もっている良き価値としての文化であるのか、ここで立ち止まって考えていく必要があろう。

　例えば、朝は起きたら「おはよう」の挨拶をするところから始まり、朝ご飯の食卓についたら「いただきます」という挨拶をする。また、食事が終わったら「ごちそうさま」という挨拶をして食事を終える……。このように考えるなら、我が国の生活は多くの挨拶で構成されていることがわかる。これも文化である。この挨拶は人が集まらないとできないことであり、一緒に食べ始めるところからスタートしていることでもある。そのようなことも大切な文化の伝承であり、生活の中で自然と育まれるものである。

　このような自国の習慣は普通のことであるが、その国の人々の立ち振る舞いに繋がっているものであり、子育てをとおして、時には「しつけ」ということで、子どもに受け継がれていくものである。

さて、このしつけであるが、身体に美しい「躾」という漢字があてられることからも、身のこなし方、振る舞い方という意味を見出すことができる。これから人々の中の社会に少しずつ出て行くためにも、その中での振る舞いが求められ、これが究極的な文化的なものである。そう考えるとき、人間の始まりから「文化」という中で育つものとして、子育ても重要な文化を伝承するところである。

　さらに、子どもを育てること、子育ての方法もその国の文化があらわれている。日頃見慣れている子育ては、独自の文化であることに気付くことは難しい。そこで、他国の子育ての営みと比較することで、我が国や地域独自の子育ての方法に気づき、また、それはその地域、場の風土とそこから紡がれた文化によって形成されていっているものであることが窺われる。つまり、世界の子育て文化を知ることは、ESDの一端を担っているのである。

(3) 伝え、育てる仕組みとしての子育て支援

　ESDにおいて、さらに重要な用語としてはサスティナブル（Sustainable）があり、それには持続可能性、持続発展性という訳語があてられている。これは、「継続する」ということと、その可能性をもっているという2つの意味合いであり、子育て支援と重ねると世代間の交流や世代で子育てを伝える機能として捉えることができる。それができにくい現代、子育てにおける、極端な場合は「虐待」という現象を引き起こしてしまっているといっても過言ではない。それは、「密室育児」*[9]と言われるように、地域社会での子育て家庭の孤立化によるものであり、さらに、家庭においても育児の仕事や責任をすべて母親だけに負わせるという我が国の特徴がもたらしているものであるといっても過言ではないであろう。

　そこで、現代では、地域における子育て支援として、まず、社会・地域における大人の理解を促すために、実際の子どもを中心とした世代間での子育ての共同が緊急の課題として挙げられよう。他者が子育てにかかわる機能として繁多は3つ挙げている[10]。第1に支援機能として、子育ての有用な情報、養育者同士での励まし合い、第2に規範機能として子どもにとってのふさわしい子育ての方法、たとえば、子どもは早く寝かせたほうがいいといった行動基準を知ること、第3に比較機能として、他の人の意見や子育てを参照する働きがある、としている。子育て支援に多世代が加わることで、さらに、子育てをこれからする予定の学生に母親が話をすることで自信をもったり、あるいは、子育てを終えた世代からおおらかなまなざしで共感をもって子育ての大変さを感じてもらったりすることができる[11]。

＊密室育児　自宅で母親と子どもの二人だけで長時間過ごして、母親も声もほとんどだすこともなく子どもと一対一だけの生活を行うこと。密室とは、マンション等を指し、外部の人との接触がほとんどない状態での育児行動を指す。

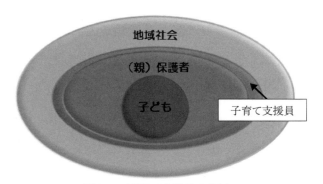

図8-1　子育て支援員の位置
（保護者と地域社会の間の矢印の部分）

　また、子育て支援ルームにいる支援員も、子育ての当事者である母親の育児不安の解消や、実践していることを認めることで、安心して楽しく子育てをすることができるように支援することである[12]。そこで、もっとも注意をしなくてはならないことは、子育てを「教える」ことや子育て支援をしているというサービス業にしないことである。少しでもそのような風潮を感じると、子育て不安を感じている養育者にとっては、さらに追い打ちをかけられるような気持ちになって、子育て支援ルームがもう行こうと思わない場所になってしまう恐れがある。子育て支援ルームは、養育者にとって居心地のよい、また子どもにとっても居心地がよくしっかり身体を動かすことができる場所、のびのびと自発的に遊ぶことができる場所であることが必然である。

　しかし、このような仕組みは簡単にできるものではなく、行政のサポートとそこで中心となる子育て支援員にかかっている。すなわち、支援員は子育てをサポートすると共に、できるだけ多くの世代がかかわるような仕組みをその地域、場所で無理なく自然体でわき上がるようにしてつないでいくことが求められる。

　図に見られるように、支援員の位置は、子どもをめぐる保護者と地域の間にある。それは、極めて細い部分になるが、しっかりと親子をつなぐ重要な要の部分となっている。現代のように核家族化が極端に進み、地域社会とのつながりが希薄であればあるほど支援員はなくてはならないものである。それもさりげなく自然体で支援するといった技術が必要となってくる[13]。（図8-1参照）

第3節　これからの保育の創造とESD

(1) 21世紀における子どもの育ちとESD

　これからの子どもの育ちとして伝えたいもの、伝えるべきものとしての内容は、どのよ

うなものであろうか。新しい学力観として、①知識及び技能、②思考力、判断力、表現力等、③学びに向かう力、人間性等の３つの柱で再整理されている。加えて、我が国の教育実践の蓄積に基づくことによる質の向上として、引き継ぐべき必要性も明示されている。特に教育内容としては、「伝統や文化に関する教育の充実」が記され、幼稚園教育要領では、正月や節句など我が国の伝統的な行事、国歌、唱歌、わらべうたや伝統的な遊びに親しむといった内容が提示されている。

確かに、これまで我が国独自の文化や郷土の素晴らしさに言及した方針は明確に示されてこなかったが、これは、これからの世紀を生きる者を育むこととして、どのように考えたらよいのであろうか。そもそも、就学前教育のESDの考え方として、良きものを伝えるという価値の伝播がそこには潜まれており、予想をこえる今後の社会での生き方も含まれている。すなわち、これまでの蓄積を明確に伝えることとともに、それによっては解決出来得ないものをも乗り越える力を内在させることでもある。これは、将来の予測がつきにくいということから極めて難しいことである。このような路線をたどっていけば大丈夫であるということとは異なる、正解のない方向でもある。しかし、今後を生き抜いていく力として、今のままでは無理であろうということは言える。すなわち、言われたことをそのまま正確に繰り返すこと、何の疑問ももたず前例にならって事を実施すること、正解を１つであると認識すること、いずれも自分から働きかけず受け身になって事柄を処理すること……これらの反対を考えると、言われたことを鵜呑みにせず、疑問をもって課題として、次に新たなる変化、発展を遂げること、正解を１つとしないで、さらなるよい方向性を模索すること、自分から自発的に考えて事柄を行っていくこと……ということになる。

そのような姿勢を持ち続けることが、これからの教育としてまず必要なことであると言えよう。ESDのなかのDは、Developmentであるが、上記の意味をふくめた「発展」「展開」「発達」として意味づけることができる。さらに、その展開は、持続可能であることも含め、変化をもたらすことである。もちろん、その時点では間違いないとは決して言えるものではないが、少なくとも現時点では最善であろうという予想をもったものであることが必要である。

以上のような21世紀の子どもの育ちをもとに、次に保育の中での実践について述べていきたい。

(2) 保育の創造と保育者の専門性

これからの保育は、これまでの蓄積を基礎としてさらなる発展、すなわち、創造をしていくことが望まれる。それは、その時代、子どもの様子を含めて、新たなる保育の創造である。そのためには、基本となる考え方が必要である。つまり、保育を考えていく基本的

なものである。保育は、子どもの遊びの経験を豊かにするために環境をととのえ、自発的な活動として営まれるものであり、それは保育内容をとおして実践される。しかし、多くは、人的環境としての保育者の存在が大きい。そこで、保育を創造するものとしての保育者の役割を中心に考えていきたい。

　保育者はどのような資質能力を身につけていくものであろうか。専門職としての保育者の在り方について、ヒントを与えてくれるものが、「幼稚園教員スタンダード」の開発であろう[14]。これは、2012年に兵庫教育大学で小学校教員スタンダードと同時に開発されたものである。幼稚園教諭スタンダードの作成方法としては、現場の教員の意見聴取、アンケート、教育関係の書物等から教員として必要な事柄を記述してもらい、まず項目を整理し、その後、内容の精査を関係者で時間をかけて実施した。そこでは、標準的な幼稚園教諭に必要な事柄について、できるだけ名称でわかるように、具体的な用語を精選し、その横の欄に具体的な行動指標を記載した。また、4段階で自己評価ができるように作成した[14]。

　この幼稚園教員スタンダードの開発後、子ども・子育て新制度に伴う幼稚園教諭と保育士の免許・資格を有する「保育教諭」が職名として設置されたことを受けて、2016年からは「保育教諭スタンダード」について、学生の自己評価も含めて試行しながら開発中である。そこでは、幼保連携型認定こども園教育・保育要領を参考に作成した。幼稚園教員スタンダードで実施した5つの領域「保育者としての基本的素養」「子ども理解に基づく指導と学級経営」「保育の展開と指導」「連携・協働」「学び続ける保育者」を大きな枠組みとしている。そして、それらの枠組みの50項目で構成されている。その中で「保育者の基本的素養」としての小項目は、保育者としての使命感、現代の保育の課題の把握、教育・福祉の理念、教育・保育課程の編成・基本的事項、子どもへのかかわり、言葉遣い、子どもの興味・関心、人権の尊重、子どもの衛生・安全管理、他の保育者との同僚性が挙げられている[15]。

　また、これらの保育教諭を基底として、「子育て支援コーディネーター」*としての専門性が構築されており、その内容は、「学び続ける専門性」「専門職としての素養」「基本的な援助と環境構成」「長期的展望に立った支援」「連携・協働」「評価・改善」の6つの大項目の下位項目として25の中項目によって構成されている。そこでは、親子が居心地良く過ごすことができるための関わりと場作り、乳幼児の発達を促すための援助と環境構成、親が子育てを学ぶための援助と場の設定、地域ネットワークづくり、評価方法の理解

　＊子育て支援コーディネーター　2013年に「兵庫教育大学子育て支援コーディネーター養成プログラム」として、幼稚園教諭や保育士資格の得たあと、大学院取得する資格として設置した。2015年からは厚生労働省でも同じ名称で資格設定している。

と支援内容の改善等が明記されている[16]。

このように、子育て支援員の専門性は、保育士でもなく、幼稚園教諭でもない、それらの専門性をもった上にさらにもたらされる資質であると言えよう。

(3) 保育における ESD の意義

乳幼児の健全な発達を促すこと、そして、将来の自立の基盤をつくること、これが大きな乳幼児教育の目標であり、人間の育ちの基本的なものである。では、その教育の基盤を形成しているものとして、何が中心になるのであろうか。このような観点から乳幼児の育ちについてESDの位置づけについて考えると次の3つの意義が見出せる。

第1に、人間の初期の成長発達の上で環境が何よりも重要である。子どもの心身をどのように健やかに育もうとしても、環境如何によってその子どもの成長が保障されないことも十分考えられる。子どもは大人の、社会の手助けによってしか成長することが出来ない。このような自明な事柄を考えれば、その子どもにとってどのような環境がふさわしいのか、ということをまず第1に考えるべきであろう。

第2に、子育てにおける、すなわち生命をつなぐことに関して伝えていくべき点である。これは、どのように便利になって生活スタイルが変化しようとも、子どもが育つ道筋は大きく変わるものではない、というよりも変わらない人間的な成長というべきであろう。特に、乳幼児は誕生後の成長が一人の人間の中ではもっとも著しい時期であり、このことはどの人にとっても同様である。そこで、周囲の環境としてのSDが重要になるが、同時に長らく継続した子どもにとって良いと思われる子育ての風習を維持することである。つまり、その風土や慣習によって地域における子育ての方法は若干異なるのであるが、それは、その環境で育つ知恵を蓄えているものであろう。そこで食べるもの、天候、大切な習慣、そして子どもが育つ遊びといったものを伝え、よりその子どもにとって、そして社会を形成する人として必要なことを伝えていくことが、その土地での子育ての風習である。このように、ESDを考えていくことは、その場所で生命をつなげていくという、人にとって「文化」を意識し、形成するという重要な意義をもつ。

第3に、幼い子どもの尊さへのまなざしの伝達である。幼子に対するまなざしは、近年になってようやく現代のようになったものの、長い間、子どもは「小さな大人」の扱いをされてきた。子どもの権利についても、特に「物言わぬ子ども」に対して、大人の横暴な考えや行動が当然のようになされていた。しかし、幼子こそ、尊く、また未来を託すべき人であること、そのためには必要な養護を考えようといった幼き人への温かいまなざし、人間らしい思いが、生まれてきた当然の権利として考えられるようになってきた。この権利の意識こそ、もっとも受け継ぐべきものであり、乳幼児期のESDの意義として、保育

をする側の行動において自覚されるべきものである。

おわりに──震災とESD

　これまで、本編をとおしてESDの意義と必要性を述べてきた、また、各章では、その歴史的背景、理念の構築、実践内容について、明らかにしてきた。しかし、ここで、自然がもっているものとしての恵みだけではなく、自然のもう一面の状況、自然災害についても述べ伝えていく必要があろう。私たちは、この地球に間借りしているにもかかわらず、いつのまにか地球のオーナー気取りで自分たちの都合で自然を開発し、あるいは都合の悪いものは排除してきた。そこには、地球と共に生きていく、という発想が希薄であったということについて否めない。人間として自然に対する「享受権」＊があるならば、自然を理解する姿勢が強く求められよう。私たちは地球に住んでいながら自然が与えてくれるものについての有限性を意識しているのであろうか。自然と共存するということは、それらのことについて、少しでも知識をもち、どのように関わることが最善であるのか、常に考えることであろう。それは、同時に私たちの生活を見直すということでもある。時には厳しい選択を迫られることもあろう。生物である人間が「快適に豊かに」すごしやすくする生活を求めることこそ、実は、地球に対峙して考えると無理を強いていることかもしれない。

　現代社会の中で生活しているということ、そのこと自体が、共存とは異なる方向に向かっていることもあろう。例えば、自然災害についても、昔ながらの教訓として残っていることがある。暮らし方の工夫によって減災できるところがある。まず、そのような認識をもって生活することが第一歩である。ただし、保育における自然の恵みを考えると、それは、大きな子どもを慈しみ、育ててくれるものであることがわかる。つまり、子どもの生活の周囲にある「太陽の光、雨、風、土、水、草木……」といったもの、そこで生息している虫、それらは子どもの目を輝かせてくれるものである。それこそ、自然が保育をしてくれていた。そこでは、子どもの生命を育み、包み込み、慈しんでくれている「自然環境」である。保育にとっては重要な教材としての「自然物」でもある。それが、震災を経験することで、一瞬にして人間が関わることができないものとなり、それまでの回復の難しいものとなってしまっている。22年前の阪神大震災、そして、2011年の東日本大震災では、保育においても自然の恵みを痛感させる経験をしている[17]。それは、私たちが

　＊**自然享受権**　すべての人が自然環境を平等に受けることができるという権利を指し、スウェーデンでは法制化され、公私有地の区別なくこの権利は保障される。そこには、自然を守り、ルールを遵守するという義務も伴う。

予想している以上に自然環境における「保育」を営むことにとって、大きなダメージであろう。と同時に、以前にも増して、自然からの恩恵、自然への畏敬の思いをもち、その自然を創造した神へと私の気持ちは向いていくのである。

　さて、ESDとは、持続可能な社会を構築するための教育ということである。幼児期の生命をあってこその保育であり、その生命を育む地球との共存について、基本的な知識をもち、共存を考え続けて行く姿勢が求められる。また、ESDとは伝え続けていくことでもある。自然と共存する経験に裏付けられた知識としての「知恵」を伝えることも含まれる。

　この原点に立ち返りながら、さらに、ESDの乳児期におけるあり方を探求していきたい。

引用文献
(1) 宇沢弘文『環境と経済』（宇沢弘文著作集Ⅵ）78、1995年、岩波書店
(2) 同
(3) 同上、82
(4) OMEP日本委員会『子どもたちの世界を豊かに』2012年、現代印刷出版
(5) 子育ち学ネットワーク『なぜ、今「子育て支援」なのか』33、2008年、学文社
(6) V.レディ、佐伯胖（訳）『驚くべき乳幼児の心の世界』83、2015年、ミネルヴァ書房
(7) 白井千晶・岡野晶子『子育て支援 制度と現場』266、2009年、新泉社
(8) 小川清美、土谷みち子『「あたりまえ」が難しい時代の子育て支援』98、2007年、フレーベル館
(9) 繁多進『子育て支援に活きる心理学』137、2009年、新曜社
(10) 同上、138
(11) T.NASUKAWA, Y.TAKAHATA, K.ISONO "Practice on intergenerational exchange programs through children" 第67回 OMEP World Assembly and Conference (Washington, D.C. 2015.7)
(12) 名須川知子、高畑芳美、磯野久美子『子育て家庭に寄り添う支援者マニュアル』2、2016年、兵庫県
(13) 同上、3
(14) 別惣淳二、渡邊隆信『教員養成スタンダードに基づく教員の質保証』62-84、2012年、ジアース教育新社
(15) 横川和章、名須川知子、高畑芳美、磯野久美子他「保育教諭養成スタンダード作成の試み」日本保育学会第69回大会（東京学芸大学、2016年5月）
(16) 石野秀明、名須川知子、横川和章他「大学院における子育て支援コーディネーターの養成（1）」日本保育学会第69回大会（東京学芸大学、2016年5月）
(17) 関口はつ江『東日本大震災・放射能災害下の保育』139、2015年、ミネルヴァ書房

参考文献
〈ESD関連〉
・生方秀紀・神田房行他『ESDをつくる』2010年、ミネルヴァ書房
・井上美智子『幼児期からの環境教育』2012年、昭和堂
・小田勝己『サスティナブル社会と教育』2011年、アカデメイア・プレス
・田中治彦・杉村美紀『多文化共生社会におけるESD・市民教育』2014年、上智大学出版

- 西井麻美・藤倉まなみ他『持続可能な開発のための教育（ESD）の理論と実践』2012年、ミネルヴァ書房
- 日本環境教育学会『環境教育とESD』2014年、東洋館出版社
- 日本ホリスティック教育協会『持続可能な教育と文化』2008年、せせらぎ出版
- 日本ホリスティック教育協会『持続可能な教育社会をつくる』2006年、せせらぎ出版
- 日本社会教育学会『社会教育としてのESD』2015年、東洋館出版社
- 立教大学ESDセンター『ESD拠点としての自然学校』2012年、みくに出版

〈子育て支援・地域関連〉
- 淺井春夫『子ども・家族の実態と子育て支援』2009年、新日本出版社
- 飯田和也『子どもを授かった喜び』2008年、あいり出版
- 市川智史『日本環境教育小史』2016年、ミネルヴァ書房
- 神村冨美子『子育て支援者のための子育て相談ガイドブック』2010年、遠見書房
- 杉山千佳『子育て支援でシャカイが変わる』2005年、日本評論社
- 田中秀幸『地域づくりとコミュニケーション研究』2017年、ミネルヴァ書房
- 中山徹『子育て支援システムと保育所・幼稚園・学童保育』2005年、かもがわ出版
- 原田正文『子育て支援とNPO』2002年、朱鷺書房
- 広田照幸『子育て・しつけ』2006年、日本図書センター
- 広田照幸『教育は何をすべきか』2015年、岩波書店
- 牧野カツコ『子育て不安を感じる親たちへ』2005年、ミネルヴァ書房

おわりに

　この本ができあがるまでのこれまでの研究の足跡を辿ってみたい。そもそもこの本の執筆者らが出会ったのは、2010年8月のデンマークの視察、スウェーデンのOMEP（世界幼児教育・保育機構）世界大会に参加した際であった。日本の夏休みも重なり、全国から100名近い保育関係者による旅行団となった。そのツアーのなかで冨田久枝、片山知子、上垣内伸子、田爪宏二、吉川はる奈、西脇二葉、名須川知子の7名が意気投合したことは、今思うと奇跡に近い感がある。私も名ばかりのOMEP会員であったが、デンマークの森の幼稚園を見学できると聞き、単独でツアーに申し込んだのだった。

　北欧でこのメンバーが集まった理由は、スウェーデンでのOMEP世界大会におけるESDの議論に疑問符がついたからである。大会で主張されている保育におけるESDは、自然を中心に保育を捉えること、持続可能な発展という言葉はまちがいないであろう。しかし、そこからスタートしている保育の実際は、やや無理があるのではないか。そして、日本の保育はすでにESDを実践していたのではないか、といった意見で一致した。これらの疑問を抱えて、成田に着陸したときには、「研究会をしよう！」ということが決まり、その会長を冨田先生にお願いした。（私たちは、研究会の勢いをつけるためにも冨田代表を「組長」とよんでいる）。

　発足した研究会では、次回の日本保育学会・自主シンポジウムを目標とした。その後、東京での研究会、西軽井沢での研究会、神戸での研究会等……と、可能な限り各地域を含む集まりをもち、保育におけるESDについて議論を重ねてきた。2011年5月の日本保育学会を皮切りに、乳幼児教育学会等を含めて、テーマを変え、ゲスト・シンポジストも含めて、毎年実施している。その経緯は、以下の通りである。

　2011年は、「森の幼稚園から学ぶ」として、見学してきたデンマークの森の幼稚園の様子、わが国における札幌市のトモエ幼稚園、西脇市立幼稚園の、里山に内包された自然を介在した生活を再確認して議論を行った（この内容は、兵庫教育大学の研究紀要40巻に掲載）。

　2012年の日本保育学会においては、自主シンポジウム「保育における『継承と創造』」を実施した。乳幼児期の発達・生活とESDや自然環境として、埼玉県での「木育」実践、大学生への「いのちの教育」の実践等を紹介した。その年、冨田氏を代表者とする科学研究費「地域コアステーションとしての新しい保育モデル」（2012～2014）が採択された。

　2013年には、科研のテーマで自主シンポジウムを継続し、地域からの発信として、ねぶた祭りを取り入れた青森市の幼稚園、裏山の自然を活用した神戸市の幼稚園、恵庭市の保護者の意見を取り入れたプレイセンターの実践が発表された。ここでは、地域の文化に内包されているESDについて議論が行われた。（この内容は千葉大学教育学部の研究紀要第62巻に掲載）。同じく2013年11月には、地域を海外に広げ「カナダからの発信」として、乳幼児教育学会でラウンド・テーブルとして実施した。これは、メンバーの西脇氏がカナダに2年間滞在したことによ

るものであり、他3名のメンバーも2回にわたってカナダ入りしたこともある。ここでは、地域コアステーションとしての保育モデルをとして、過不足なく生きる知恵を次世代にという観点から、当時視察したニュージーランドの様子も報告した。

　2014年には、歴史的な観点からわが国の保育の伝統と文化の中に埋め込まれたESDを見つめ直そうという趣旨で「幼児教育実践史におけるESD」を企画。現在まで実在している上田市の梅花幼稚園の紹介と、明治期から昭和初期までの保育内容としての「お遊戯」の変遷、そして、倉橋惣三の思想におけるESDを提示した。この倉橋の思想は、本研究の始まりから底流にある。ESDはこのようにわが国の保育に綿々と内包されてきたものであるが、その価値を継承していくこと、そして、今後新たな創造へということが示唆された。研究継続として、新たに冨田代表による科研として新たに「日本における乳幼児期のESD―地域で育つ・地域を創る保育・教育モデルの検討」（2015〜2017）が採択された。

　2015年5月には、日本保育学会で「地域をつなぐ・地域を創る 乳幼児期のESDの課題と展望」のテーマで、日本OMEP委員会の研究成果も含めて、藤井修会長の保育園での蚕の実践、平和やジェンダーの課題とESDについて萩原元昭委員、金田利子委員にもご登壇いただき、長年にわたる研究成果をご提示いただくことで、さらに私たちのOMEP研究を深めることができた。同年11月には乳幼児教育学会でも「乳幼児におけるESD―地域文化としての日本語の響きと保育―」のテーマで、保育における「言葉」に注目し、日本語を母語とする地域特性を含めた文化の継承という観点から議論を行った。子育て支援ルームでの0歳児の発語から絵本、保育園の実践としての生活からの発語、子育て言葉による文化の継承、わらべうた等に言及した。

　2016年5月には、日本保育学会で「乳幼児期のESDの実践と保育者の意識」として、保育実践にESDを活かすには、保育者の養成が重要であることから、大学での子育て支援演習の学びの内容、順序について。さらに、フランスとの学生異文化交流による平和に関する学びの協同的な相互理解の過程を。埼玉県での木育スペースWoods onの実践から、価値観をも変容させる力のあるESDとそれを伝える「人」の養成について再確認した。同年11月には、兵庫教育大学の主催で、冨田氏とチュラロンコン大学（タイ）の「子育て文化を通したESD」のテーマでシンポジウムを開催。タイでの保育に伝統的な文化が意識されている様子もわかり、大変興味深いものであった。

　そして、これまでさまざまなトピックを俯瞰的にみる集大成として、2017年の日本保育学会では「乳幼児期のESDを実践するために―私たちはESDで何を伝えようとしているのか」のテーマで、メンバーだけでシンポジウムを実施した。乳幼児期のESDとして、地域の子育てとその文化を基底に世代をつなぐ使命があり、それが文化の継承であること、それは、環境が発達することでもあり、受け継ぐべき価値を意識化することでもある。また、自然との関わりのあり方について防災にもつながることを確認した。さらに、同年11月、兵庫教育大学主催で国際シンポジウム「幼児教育とESD」を開催。台湾、ニュージーランド、神戸市の幼稚園、福島の震災後の保育について、ESDの観点から防災教育を考えるテーマで議論を行った。すなわち、自然の恵みと脅威の両面から考える際、ESDがキーになることも確認出来た。自然との共生に基づく

防災環境の作り手としてESDが働くことでもある。

　このように、保育におけるESDについて、主にシンポジウムを柱に研究会を重ねていったが、現在では、ESDの概念としてSDGs (Sustainable Development Goals) の時代であると言われ、具体的な提言として17の目標が示されている。本書は、その4番目にあたる保育・教育の質の向上に関係する。これらはいずれも持続可能性を意識した、開発、発展という観点の中身である。つまり、Developmentは、新たなる展開の契機にもなり、また、保育に対するさらなる創意工夫でもあることが明らかとなってきた。

　私たちは、自然危機にさらされる現代に遭遇した仲間として、十分な研究が出来たであろうか。多分、少しずつ各自のなかに醸成されていったものであろう。それは、たくさんの刺激を与えてくれた心温かいメンバー、そして貴重な提言を下さったゲスト・スピーカーの方々によるものであり、今、この本が生み出されたものだと改めて思う。

　最後になったが、忍耐強く、本という形にして下さった、かもがわ出版の吉田茂様に心からの感謝の気持ちを表したい。

　　2018年2月

　　　　　　　　　　　　　　　　　　少しばかりの春の訪れを感じながら

　　　　　　　　　　　　　　　　　　　　　　　　　　　名須川 知子

【著者紹介】

冨田　久枝（とみた　ひさえ）はじめに・第1章・第6章
・千葉大学教育学部
・乳幼児教育学、乳幼児発達心理学、乳幼児臨床心理学。長年の子育て支援の研究から、地域を創り子育てを支えることをめざしてESDと出会いました。

上垣内伸子（かみがいち　のぶこ）第2章
・十文字学園女子大学人間生活学部
・保育学、発達臨床学、保育者養成。太平洋を囲むアジア太平洋地域の人々の自然に対する感性を大切に「私たちのESD」をこれからも追求していきたい。

田爪　宏二（たづめ　ひろつぐ）第3章
・京都教育大学教育学部
・発達心理学、認知心理学。子どもの発達における社会や文化の影響とそこにおける教師・保育者の支援の点からESDを考えています。

吉川はる奈（よしかわ　はるな）第4章
・埼玉大学教育学部
・保育学、子育て支援。地域の子育ちを支える環境をESDの視点からより良くしていきます！

片山　知子（かたやま　ともこ）第5章
・和泉短期大学児童福祉学科
・保育実践研究およびキリスト教保育。全国各地の保育実践の中にESDの視点を見出せると心が動かされます。

西脇　二葉（にしわき　ふたば）第7章
・東京福祉大学保育児童学部
・保育史。地域と共に創り上げてきた保育史にESDの原理を見つけています。

名須川知子（なすかわ　ともこ）第8章・おわりに
・兵庫教育大学学校教育研究科・学校教育学部（現職・副学長）
・幼児教育（保育内容・表現）。保育内容におけるESDについて関心をもっています。

組版：小國　文男
装幀：加門　啓子

持続可能な社会をつくる日本の保育―乳幼児期のESD

2018年4月25日　第1刷発行

著　者　©冨田久枝・上垣内伸子・田爪宏二・吉川はる奈
　　　　片山知子・西脇二葉・名須川知子
発行者　竹村正治
発行所　株式会社　かもがわ出版
　　　　〒602-8119　京都市上京区堀川通出水西入ル
　　　　TEL 075(432)2868　FAX 075(432)2869
　　　　振替 01010-5-12436
　　　　ホームページ http://www.kamogawa.co.jp
印刷所　シナノ書籍印刷株式会社

ISBN978-4-7803-0961-4 C0037　　　　　　　　　　©2018

記録・非認知能力・実践の評価

新しい時代の学童保育実践

中山芳一●著

かもがわ出版◉1800円＋税

好評発売中

写真で紹介
園の避難訓練ガイド

天野珠路●編著

かもがわ出版●2200円+税

好評発売中

保育園・幼稚園での
ちいさな生き物飼育手帖

山下久美・鋳物太朗◉著

かもがわ出版◉1600円＋税